8

印象雅加达

一带一路百城记·海洋新知科普丛书

「十三五」国家重点出版物出版规划项目

陶 红亮 主编

冰河插画 李伟 绘画

海洋出版社

图书在版编目（CIP）数据

印象雅加达 / 陶红亮主编；李伟绘画 . —北京：海洋出版社，2018.5（2025 年 1 月重印）
（一带一路百城记 . 海洋新知科普丛书）
ISBN 978-7- 5210-0083-2

Ⅰ . ①印… Ⅱ . ①陶… ②李… Ⅲ . ①雅加达 – 概况 Ⅳ . ① K934.2

中国版本图书馆 CIP 数据核字（2018）第 069854 号

印象雅加达

总 策 划	刘 斌	发 行 部	（010）62100090
策划编辑	刘 斌	总 编 室	（010）62100034
责任印制	安 淼	网 址	www.oceanpress.com.cn
排 版	童 虎·设计室	承 印	侨友印刷（河北）有限公司
		版 次	2018 年 5 月第 1 版
出版发行	海洋出版社		2025 年 1 月第 2 次印刷
		开 本	787mm×1092mm　1/16
地 址	北京市海淀区大慧寺路 8 号	印 张	11.75
	100081	字 数	282 千字
经 销	新华书店	定 价	72.00 元

本书如有印、装质量问题可与发行部调换

2000 多年前，一群商人赶着骆驼从西安出发，一路向西，最远抵达地中海；同时，在广东的徐闻港，商人们先祭拜海神，随后扬帆出海。后来，人们将这些连接东西方的通道统称为"丝绸之路"。通过丝绸之路，中国的文明之风吹向世界各地。2000 多年后，习近平总书记提出"一带一路"倡议，即共建丝绸之路经济带和21世纪海上丝绸之路，旨在"借用古代丝绸之路的历史符号，高举和平发展的旗帜，积极发展与沿线国家的经济合作伙伴关系，共同打造政治互信、经济融合、文化包容的利益共同体、命运共同体和责任共同体"。

千百年来，中国秉持"和平合作，开放包容，互学互鉴，互利共赢"的理念，和丝绸之路沿线国家进行平等的经济、文化交流。比如：明朝航海家郑和率领当时世界最大的远洋船队先后七下西洋，航迹遍布亚非，除了带去精美的手工制品外，还将先进的中华文化远播海外。

古代丝绸之路不仅推动了沿线各国的经济发展，还将中华文化带到了异国他乡。欧洲各国的贵族曾将中国瓷器视为外交礼品，阿拉伯国家的工匠结合中国瓷器工艺制造出了波斯瓷器。日本掀起过一股"弘仁茶风"，贵族将模仿中国人品茶视为一种风尚。无数西方人前往中国，泉州就曾因"南海蕃舶"常到，出现了"市井十洲人"的盛况。

如今，丝绸之路上不再有载满货物的骆驼。取而代之的，是丝绸之路经济带纵横交错的铁路网，

以及21世纪海上丝绸之路上络绎不绝的集装箱货轮。古代丝绸之路的先行者早已作古，秉承先人精神的建设者们正在发挥自己的光和热。

"一带一路"倡议自提出后，就受到沿线国家的高度赞扬和支持。在经济全球化的今天，"一带一路"不仅赋予了古代丝绸之路新的内涵，还为沿线各国提供了新的机遇。

为了使人们更加深刻地理解丝路精神，我们组织相关学者共同编写了这套《一带一路百城记》。以优美的文字和水彩绘画结合的形式，艺术化地展现"一带一路"节点城市及所在国家和地区与丝绸之路相关的方方面面，包括丝路遗迹、风景名胜、文化历史、风俗习惯、物产资源等，形成对"一带一路"的完整展示，最终实现一部"唯美的一带一路静态影片"。

希望读者在阅读完这套书后，能够更深刻理解"一带一路"的意涵，对"一带一路"沿线城市有更多的感性认识，不再将其看作一个遥远的符号。

贫富交织的多元城市

雅加达是个贫穷和富有交织的城市。

雅加达给人们的第一印象总是不错，这大概是因为颇为现代化的飞机场，以及亲切的出租车司机的缘故。坐在飞驰的出租车里，看路边的棕榈树从眼前飞快地闪过，偶然路过一两栋极富热带风情的小洋楼，人们或许会生出"雅加达真美"的念头来。

若是一放下行李就去景点参观，这种感觉会更加强烈。站在独立广场上欣赏直入云霄的独立纪念碑，饶有兴致地谈论碑顶的火炬是否是纯金制造，听广场周围的荷兰殖民时期建筑诉说这座城市的历史，这个被誉为"东南亚第一大城市"的地方瞬间变得古朴而神秘起来。

然而回到酒店后，站在窗前细细打量这座城市，人们又会产生一种违和感。朝远方望去，虽然也能看到不少洋溢着现代气息的摩天大楼，但是更多的是低矮的、破旧的民居，这两种极不相称的建筑物就这样紧密地站在一起，就像两个没有一点共同点的人，硬生生被长辈凑成一对一样。当地人骑着摩托车、三轮机动车从这些建筑物前驶过，似乎早已习以为常。

等仔细游览过老城区后，这种违和感会变得更加强烈。老城区的中心广场上总有很多人，学生们喜欢在那些荷兰殖民时期建筑前拍集体照，孩子们则喜欢看当地艺人表演吐火。每个人都兴致勃勃的，处处都能听到欢笑声，这一切都让人联想起老城区曾经的繁华景象。

从中心广场出发，往西走，来到见证过繁华的大运河，人们就会看到雅加达的另一副面孔。曾经两岸豪宅林立的大运河如今散发着恶臭，豪宅也早已破旧不堪。再往前走一走，一栋栋斑驳的平房出现在人们面前，晾晒在栏杆上的衣服随风飘扬。虽然已经离开了大运河，但空气中依然有股臭味，那是民居旁边的垃圾场散发出来的。

雅加达也有富人区，这些地区多半被围墙保护着，门口还有警卫守护。有趣的是，富人区和贫民窟的距离并不远，有些甚至是邻居。只不过人们很少见到生活在富人区的人，这些人大多藏在一辆辆私家车中，很少露面。生活在贫民窟的人则大方得多，他们骑着摩托车在狭窄的巷子里穿行，过着自己的生活。

目录

第三章　走进雅加达，感受都市的繁华

第四章　探寻博物馆，聆听历史的回音

第五章 感受不同文化的完美交织

第六章 感受印尼的心跳，了解风俗与文化

第七章 留住回忆，寻找印尼特产

第八章 寻味印尼，开启味觉大门

第一章
印度尼西亚与海上丝绸之路

在印度尼西亚寻找古代海上丝绸之路的遗迹，其实很简单。

在雅加达的老港口中，你能发现中国商人留下的遗迹；在印度尼西亚国家博物馆中，那拥有上百年历史的青花瓷依旧美丽；更别说印度尼西亚还有一个以中国人命名的城市——三宝垄，那里流传着郑和的传说。

如今，随着"一带一路"倡议的推进，印度尼西亚似乎看到了重现往日繁华的希望，中国和印度尼西亚两国的合作也揭开了新篇章。

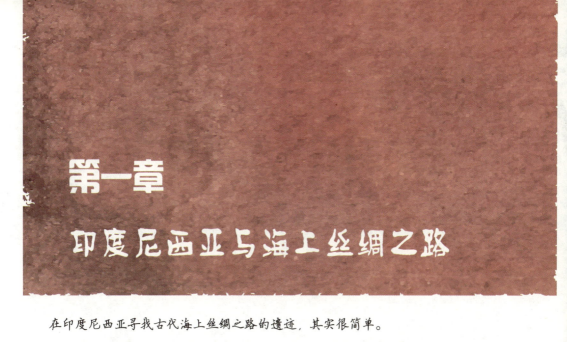

见证繁华的"东方威尼斯"——雅加达

第一次来到雅加达的人，或许会因为这个城市的别称——"东方威尼斯"而迷惑。因为你若游览过这座城市，便能发现雅加达与威尼斯没有相像之处。

雅加达不是一座生活在水上的城市，这里没有神秘贡多拉和英俊的船夫，也不会有歌声从岸边的小房子中传来。这里虽然有川流不息的车辆、彻夜不关的霓虹灯、高耸入云的大厦，这一切让它有大都市的气势，但是在游人眼中，这些都太过寻常，它似乎和其他的都市一样，时尚却缺乏新意。

事实上，"东方威尼斯"之名并不是印度尼西亚人捏造的，在几百年前，它是名副其实的"东方威尼斯"。

雅加达历史悠久，早在14世纪时就成为颇有规模的港口城市，当时叫巽他加拉巴，意思是"椰子林的世界"，1522年，万丹王国征服了这里并建城，并于1527年将它改名为查雅加尔达，意为"胜利之城"，简称为雅加达。

因其优越的地理位置，雅加达曾是输出丁香、豆蔻、胡椒等香料的著名港口城市，那时，巨大的商船停靠在雅加达的港口中，说着不同语言的人，如西班牙人、葡萄牙人、荷兰人、中国人等，与当地人交易，将成箱的香料搬进货舱中。

你或许无法想象，在当时印度尼西亚的香料有多么受欢迎。在欧洲，胡椒和黄金等值，有时候你付出等值的黄金都买不到胡椒。印度尼西亚因此成了"淘金地"，无数的航海者来到此处，只为寻找神秘的东方香料。

终于，财宝引来了饿狼。那些自私的侵略者用贪婪的双眼锁定了这座城市。1596 年，荷兰殖民者占领印度尼西亚，1621 年意为"胜利之城"的雅加达被改名为"巴达维亚"。

荷兰殖民者想将这座城市变成统治爪哇甚至整个东印度群岛的殖民大本营，在修建城市时自然花费了很多心血。他们挖掘运河和排水道、修建港湾、建筑城墙，将人工运河作为这座城市的主要交通枢纽。

　　于是，"东方威尼斯"诞生了。

　　那时，人们最常使用的交通工具，是那种能乘坐十来个人的小船，当地人就靠着这种小船穿行于街头巷尾之间。到了后来，几乎家家都买了一艘船。富贵的人家，自然是精美庞大的游船；而贫穷的人家，则是能乘坐2～3人的木筏。

　　然而到了现代，雅加达人逐渐抛弃了这种生活方式：公路越来越宽，汽车和摩托车越来越多，船只被卖的卖、扔的扔，运河也开始散发恶臭。

　　当然，如果你仔细地找一找，还是能在这座城市发现那种传统的交通小船，如在海口区、顺德区，只不过这种小船无法像它的"祖先"那样自由地在这个城市游走，它每天的工作，只是将乘客从这个渡口送到那个渡口而已。

　　在匆匆步履间，人们似乎早已忘了"东方威尼斯"的风情，只有几个白发苍苍的老人，在回忆往昔时，会轻轻地叹一口气。

瓷器和香料——丝绸之路上的"得力干将"

雅加达中心，独立广场西面，矗立着印度尼西亚最大的博物馆——国家博物馆。这座古老的欧式建筑，不仅仅收藏了印度尼西亚各个历史时期的文物，还陈列着白底蓝花的中国古瓷。若是追溯这些瓷器的年代，你会发现它们比你想象的要古老——竟然有商朝时期的瓷器。

　　为什么雅加达的博物馆中有这么多的中国瓷器？这是一段久远的故事。

　　在几千年前，因其优越的地理位置，雅加达成了远洋船只的必要补给地，中国商船就是雅加达港口的常客。那时，中国商人从广州、北海等地出发，在大海上航行数日，最终抵达这座城市。商人们在此补给淡水，间或向当地人购买日常用品。

　　次数多了，中国商人发现了此处的珍宝——香料，胡椒、肉桂这些都是中国市场中的"紧俏货"。于是，中国商人开始与当地人交易。巨大的商船把丁香、白果、胡椒等多种香料带到泉州、广州等东南沿海。之后，这些香料会被运往内地，成为官僚家庭中的"座上宾"。

　　中国人迷上了印度尼西亚的香料，印度尼西亚人也被中国瓷器吸引住了。无论是画有山水的瓷器，还是印着鱼鸟虫的瓷器，或是素色花纹的瓷器，都是印度尼西亚人的挚爱。

　　印度尼西亚人用卖香料所得的钱向中国商人购买瓷器，或者直接用香料换瓷器。这些精美的中国瓷器，一进入印度尼西亚市场就被一抢而空，常常供不应求。

　　具有浓浓中国风情的瓷器和散发着奇妙气味的香料，看上去八竿子打不着，却通过古代海上丝绸之路联系了起来，成了两国友好的象征。

在三宝垄中寻找郑和的印迹

爪哇岛北部有一个繁忙的城市。当地人从市中心的办公大楼旁走过，去颇为现代化的超市中购买日用品；游客则走进山麓一侧带有花园的房屋中，站在窗边尽情地欣赏海景。

如此看来，这个繁忙而有序的城市，应该是一个最普通的旅游城市。别着急下结论，这座城市有另一面。

城市北郊有座狮头山，山上有个岩洞，岩洞前古木参天，看上去颇为神秘。走近一点，一个写着"圣山圣洞"的牌楼出现在面前。若这写着中文的牌楼还不能让你惊讶的话，可以走进那一米见方的洞口，一探究竟。

岩洞不小，约有 100 平方米。往里走，便能看到岩壁上的一尊石像。这是一个中国人，他穿着明朝的官服，嘴边没有胡子。猜测他的身份似乎不需要费太多脑力，他就是明朝的航海家——郑和。

　　这个岩洞也有个颇为应景的名字——三宝洞。为什么人们要在这个洞穴中雕刻郑和的塑像？因为当地人认为，郑和曾经到过这里。

　　传说，当郑和的船队快要抵达此地时，副使王景弘染上了重病。郑和便命船队在此停靠，郑和率众登岸后，只发现一个可以栖身的洞穴。考虑到王景弘无法继续前行，自己也不能在此长久停留，郑和留下了几十名随从、一些药物、食品和一艘船，让王景弘安心养病，自己则继续航行。

　　不久后，王景弘病愈，他在此开垦建房，与当地人通婚，向他们传授中华文明，宣扬郑和的光辉事迹。后来，这个地方渐渐成了一个城市，因为人人都知道郑和的事迹，所以这座城市被命名为三宝垄。

　　虽然印度尼西亚的史册中并没有提到王景弘的事迹，但是郑和曾数次经过爪哇岛却是事实。每逢中国阴历的初一、十五，当地人都会去三宝庙礼拜，表达对这位伟大航海家的崇敬和怀念。

"一带一路"——中国和印度尼西亚友谊的新台阶

2015 年 3 月，在印度尼西亚总统佐科访华期间，中国和印度尼西亚两国签署了关于加强两国全面战略伙伴关系的联合声明。这份声明表示，中国和印度尼西亚两国将"推进海洋经济、海洋文化、海洋旅游等领域务实合作"，携手打造"海洋发展伙伴"。

印度尼西亚是世界上最大的群岛国家，其物流方式主要是海运，有统计显示，印度尼西亚的物流成本已占其国内生产总值的25% ~ 30%，这极大地限制了印度尼西亚的发展。

印度尼西亚急需提升基础设施水平，但是又被资金和技术所限，无法快速实现目标。然而，印度尼西亚缺少的这两样，却是中国拥有的。

中国企业拥有成熟的技术、出众的基建能力，并且建设成本低，能够满足印度尼西亚快速修建基础设施的要求。而对中国来说，在带动印度尼西亚经济发展的同时，中国企业也可以提升自己的水平，可谓一举两得。

曾经的海上丝绸之路带动了中国和印度尼西亚两国经济文化的交往，如今，随着两国成为"海洋发展伙伴"，两国的合作揭开了新篇章。

第二章

寻找雅加达的海洋气息

　　有人说，在雅加达这样繁华的都市中，你很难感受到海洋气息。

　　的确，当你穿行于钢筋水泥中时，自然感受不到海洋气息。除非你离开市中心，来到有上千年历史的巽他格拉巴港、恬静自然的爱尔岛、如世外桃源般的公主岛，你才能看到这座城市最质朴的模样。

被遗忘的繁华
——巽他格拉巴港

因海而兴，凭海而立。对曾经的雅加达来说，巽他格拉巴港十分重要。早在 2000 多年前，这座港口就已经闻名于东南亚。《宋书》中曾经记载，东晋时期，曾有一个盛产香料的王国，它有一个避风港，经常有船舶在此海港中停留。公元 452 年，这个王国被达鲁玛王国吞并。这个盛产香料的王国，就是爪哇古王国。而那个吸引众多船只的避风港，便是巽他格拉巴港。

在雅加达还不算是一个城市的时候，巽他格拉巴港就已经发展起来了。印度尼西亚人通过这个港口向外输送香料等特产，外国商船则来这里补给，和当地人交易日常用品。

　　后来，为了方便做生意，当地人搬到了巽他格拉巴港附近，而那些爱上这片土地的外国商人也在这座港口附近建起民居。人丁渐繁，这里渐渐变成了一个城市。

　　如今来到巽他格拉巴港，依旧可以看到葡萄牙商人、中国商人、阿拉伯商人等留下的遗迹，这是这座港口曾经繁华的见证。

　　据记载，在16世纪时，巽他格拉巴港已经成为一个繁华的国际港口，沿岸有约10万人定居，其中约有1万人是葡萄牙人。当然，不仅仅是葡萄牙人，这里还出现过印度人、英国人、荷兰人、中国人、西班牙人，他们都是为了神秘的香料而来。

　　这座港口曾经风帆蔽日的场景早已成为历史。自从荷兰殖民者在雅加达北部修建了更具规模的港口后，巽他格拉巴港便成了负责国内运输的旧码头。人们已经忘记了这座港口的辉煌，只是将其当做一个位于旧城区的历史遗迹罢了。

雅加达湾的明珠
——公主岛

在雅加达附近的众多岛屿中，公主岛应该是离雅加达最远的岛屿了。从雅加达码头坐快艇，即使船主拿出"冲锋"的架势，大概也要一个半小时才能抵达公主岛。有趣的是，虽然人们"跋山涉水"来到这里，但是若沿着海边步行，只需半个小时就可以参观完这座岛屿。

从这个角度来说，公主岛的"性价比"似乎不太高。虽然如此，还是有很多人来到这里。从他们脸上的表情来看，他们似乎一点也不在乎"性价比"，他们很满意这座小岛。

为什么这座岛屿如此受欢迎？大概是因为除了比较小这个缺点外，它基本上挑不出毛病。

　　由于远离陆地，这里几乎没有受到任何污染，海水如同美人鱼的眼泪一样，清澈又让人心动。在海边漫步时，你常常能看到不谙世事的鱼儿在浅滩处嬉戏。不过它们有点害羞，当你靠近它们时，它们会灵巧地围着石头转个圈，然后消失在你眼前。

　　你也可以乘坐有玻璃窗的船，去海底世界看珊瑚和热带鱼。那时，海底的原始森林便出现在你面前，色彩斑斓的珊瑚让人印象深刻。五颜六色的海鱼在"森林"中游玩嬉戏，丝毫不在意身旁的大家伙。要是它们玩得高兴了，还会游到玻璃船旁边和游客打招呼。

　　跟着渔船出去打鱼也很有意思。当地人都说，这里的海鱼有点傻，见了鱼饵就往前凑。他们没有骗人，这座岛屿的海鱼的确没见过"世面"，总是傻乎乎地相信钓鱼者。即使人们根本没有将心思放在钓鱼上，也能收获一条红星斑鱼。

　　这里不仅仅有鱼，还有一种印度尼西亚特有的野生动物——科莫多龙。这种珍稀动物并没有被关在动物园中，它们是这座岛屿的"原住民"。在岛上漫步时，可能会遇到"遛弯"的它们。

　　大一点的科莫多龙比较好客，遇见游客时不慌不忙，点头致意后便继续散步。小一点的科莫多龙比较害羞，发现有人靠近自己后，便马上窜回到草丛中去了。虽然科莫多龙曾被人称为"巨型怪物"，但是这里的科莫多龙却是"和平使者"，它们从不袭击人，不过你也不要因为它们"性子"好，就故意激怒它们。

　　岛上随处可见躺椅，即使什么也不做，躺在躺椅中发呆，望着不远处来来回回的海浪，等待落日的来临，也很惬意。

独享阳光、沙滩、大海
——彩虹岛

不知道你是否许过这样一个愿望：拥有属于自己的岛屿。细想一下这样的场景：在空旷的岛屿上，椰子树叶随风摇曳，海浪在海滩上来来回回。海风吹来，带来海洋的气味。你坐在椰子树下的小木屋中，静听海浪声，等待落日的来临。

间或有一只松鼠来到小木屋中，它是你的好友。虽然你们从不交谈，但是很有默契——不用你招呼，它总能快速地找到你贮存的食物。

除了松鼠，你基本上没有访客，但是这也不会让你烦忧。你可以自在地看书、思考，或是下海与鱼儿嬉戏——这里的海水清澈，你可以清楚地看到海底生物的模样。

来到彩虹岛，你就能完成这个像梦一样的心愿。

彩虹岛上的沙滩很大，但是游客和工作人员很少，在岛上散步时，基本没有人会来打扰。木屋前的沙滩空旷而寂静，似乎除了你，就没有人会来欣赏它的美丽。在短暂的假期中，这里的阳光、沙滩、大海，都是属于你一个人的。

在潘达拉岛上自在地散步

在潘达拉岛上徒步旅行，总能收获惊喜。在海边漫步时，贝壳和珊瑚枝会出来和人们打招呼。有的人很满意岛屿准备的这份见面礼，他们见到贝壳就会捡起来，直到拿不下。有时，他们不得不丢掉那些"不完美"的贝壳。但是他们总是下不了决心，就像那些不知道最大麦穗在哪里的苏格拉底弟子一样。

在岛上闲逛时，蔽日的古树是最友好的旅伴。它们是最智慧的长者，在为人们送来清凉的同时，还在讲述古老的故事。有时候，人们能看见站在树枝上向下窥视的松鼠，它们的腮帮子鼓鼓囊囊，不知道藏了多少好东西。

人们还能在树下发现红色的果子，它们颜色艳丽，看上去新鲜可口，像是这座岛屿给人们的第二份礼物。不过，对于没有见过的野果，还是不要贸然尝试。

感受爱尔岛的恬静自然

抵达爱尔岛后，你大概会疑惑地想：那么多游客，都去哪了？

雅加达是个大城市，其设备、交通十分健全。这样的城市是不会缺少游客的，尤其是在热门的旅游景点，如独立广场，总能看到密密麻麻的人群，虽然大家的脸上都是笑容，但还是会让人生出逃跑的念头。

爱尔岛却恰恰相反，虽然它距离雅加达很近，坐船的话只需要半个小时，但是这里完全不会出现熙攘嘈杂的场面，它很安静。

如果将这两个地方比喻成人的话，雅加达应该是时尚又古老的美人。也许是她巨大的气场，也许是她幽默的谈吐，反正只要她出现，甚至只是"只闻其声不见其人"，人们便会将自己的目光投向她出现的方向。

相比之下，爱尔岛就朴素多了，她应该是最寻常不过的小家碧玉。她也很美，不过相比雅加达，她似乎少了点特色。而且印度尼西亚的岛屿众多，她实在算不上特殊。她也没有雅加达那样的气场，这实在不能怪她，因为爱尔岛不大，慢慢游玩的话，一天也能游完，所以她根本没有条件建有标志性的建筑物。

不过，她依旧让人心醉，因为她身上有股恬静自然的气息。

在爱尔岛的沙滩上漫步时，很少能看见其他的游览者。此时可以闭上眼睛，静静地感受细沙从脚趾间穿过，听不远处的海浪声。

累了，可以入住那些建在海上的木屋。对钓鱼爱好者来说，这里是绝佳的休息之所。因为推开窗户，拿出钓竿，就可以尽情地享受垂钓的乐趣。

虽然大多数时候都不会有收获——这里毕竟不是渔场，但是若是运气足够好，也会碰上几条呆头呆脑的小鱼。可以将这些小鱼交给沙滩上的小贩，不一会儿，带着焦香的烤鱼便出现在面前。一边吃烤鱼一边赏海景，还有比这更惬意的事情吗？

坐在"原始森林"中赏海景——赛巴岛

来到赛巴岛，什么也不需要做，只需坐在海边的长椅中，享受那份惬意足矣。这座岛屿到处都是参天大树，因而一抵达这座岛屿，便能感受到那难得的清凉。海风吹来，垂下来的树叶微微摇晃，像是在邀请人们与它共享这座岛屿。

岛上的房间都建在大树丛中，粗壮的树干就是最忠实的守卫。若是忽视那片青绿色的海洋，会让人以为自己身处原始森林中。

这座岛屿很适合发呆。坐在海滩上，看当地的孩子在不远处嬉戏，感受海风温暖地拂过衣袖，听头顶树叶的沙沙声，时间像长了翅膀一样，倏地从身边飞过。

第三章

走进雅加达，感受都市的繁华

　　有些人并不喜欢在雅加达停留很长的时间，因为在他们眼中，这个城市虽大，却没有可以玩乐的地方。

　　其实，游客把雅加达人想得太无趣了，他们也有自己的消遣方式。他们会去格罗拉莲卡诺体育场感受这座城市的活力，去安佐尔梦幻公园中放声尖叫。若想"外出旅游"，他们还会去缩影公园，坐在缆车中，俯视这个国家的美景。

雅加达最大的广场——独立广场

位于雅加达市中心的独立广场，是这座城市最大的广场。

一靠近这里，人们就能感受到这座广场的气势。以独立纪念碑为中心，宽阔整齐的街道往外延伸，街道两旁是如士兵一样的棕榈树。

那些不认识路的人无须担心，因为寻找独立广场实在不是一件难事。只需乘车抵达市中心，然后站在街头向天际望去，那个似乎要将火炬送上天的建筑物，就是独立广场的标志性建筑物——独立纪念碑。

从 1959 年开始，这座纪念碑就这样高高地站在雅加达市中心。即使后来人们在它附近修建了高楼，也没能抢走它的"风头"。站在那么多由钢筋水泥建造成的大厦中，这座白色的建筑物如永不熄灭的火炬，成了雅加达人的精神支柱。

提到独立纪念碑，最为人津津乐道的是它顶上的"火炬"。它是世界上独一无二的"金火炬"，由约 35 千克的纯金打造。为了保持它的光辉，每年印度尼西亚国庆日，当地政府都会为它补上一层黄金。

这大概是印度尼西亚第一任总统苏加诺在建筑上最奢侈的举动，但毫无疑问，这也是他最出名的决定之一。即使不是雅加达最高的建筑物，这座矗立于迷雾中的建筑依旧成了雅加达的地标。

如今，人们来到此处，或许并不会仔细端详纪念碑上的浮雕——上面讲述了印度尼西亚人民反抗荷兰殖民者的故事，也不会在意那饶有意味的别称——"苏加诺最后的雄起"，但总要和这座高约 137米的纪念碑合照，即使照片里的他们看上去像小人国的国民。因为在游客看来，这座耸立于独立广场上的纪念碑，代表了雅加达。

即使这座广场带有很浓烈的政治意味——人们从它的名称"独立广场"和巨大的独立纪念碑上就可以感受到，但是当地人依旧将其变成了一个充满生活气息的场所。

广场上人流如织，游客们眼中满是好奇，他们拿着相机，走一步照一张，似乎想将广场上的建筑物、花草、人群都装进自己的相机。相比忙碌的游客，当地人显得自在多了，他们坐在音乐喷泉不远处的长椅中，端着杯咖啡，和友人自在地聊天。

有时候，他们还会化身精明的小贩，从塑料袋中掏出几张雅加达地图或印度尼西亚国旗，用不太流利的英语和游客交易。

到了傍晚，游客渐渐离去，但来这里散步的当地人却越来越多。他们就住在附近，吃完晚饭，便穿上拖鞋，拿起扇子，来独立广场散步消食。广场上有很多蚊虫，当满身"伤痕"的游客经过飘着驱蚊水味的当地人身旁时，还会羡慕地深吸一口气呢。

华灯初上之时，独立广场变成了热闹的夜市。各式各样的小贩聚集在这里，有卖小吃的，有耍杂技的，还有卖各种杂货的。

当地人东走走西逛逛，虽然刚吃过晚饭，他们还是会买一份炸豆饼。但是看魔术表演时，他们又忘了吃手中的豆饼。等逛得差不多了，他们会去杂货摊上淘些新鲜的玩意儿。当然，讨价还价是少不了的。晚风将周围的喧嚣声悄悄带走，独立广场在月色中变得朦胧起来。

低调又庄严的官邸——总统府

这是一座被铁栏杆围起来的白色建筑物，远远望去，人们会被那几根巨大的石柱吸引。石柱反射出晶莹的光芒，似是要将人们带回遥远的古希腊。

那些细心的人，总能注意到门前那几个荷枪实弹的警察，这大约是每个总统府的标准配置。实际上，总统府的铁门紧闭，门前车来车往，即使没有警察，游客也不会冒险穿越重重栏杆。

不过这些警察依旧放心不下，他们时刻注视着门前来来往往的游客，像是要找出那些别有用心的破坏者。虽然人们都喜欢拍下这些正在巡逻的警察，但似乎没有人喜欢和他们对视。

在平常的日子里，这座建筑前的草坪空荡荡的，鸟儿都不来此散步，只有一座喷泉孤零零地洒水。人们站在围栏外，带着一丝好奇向里张望，透过朦胧的水汽，隐约可见里面的金碧辉煌。

　　不过，要是将其看作一个国家的象征性建筑物，这座总统府倒可以算得上朴实无华。它并不大，沿着外面的铁栏杆绕这座建筑走一圈，可以在 5 分钟内逛完。它也不算高，若再走远些，它就被隐藏在一片绿树中了。

　　它不是十分有个性的建筑。虽然白色可以给人一种庄严感，但是或许因为这里没有精巧的装饰品和动人的浮雕，所以大面积的白反而让人感到单调。它也有国旗，有升旗仪式，每天清晨，也会有游人来此观看升旗。不过相比其他国家的升旗仪式，这座总统府的升旗仪式的规模要小很多，人气也远不如其他地方。

　　不过这也算是它的特色。它的规模不大，不会给人一种震慑感，人们可以像游览自家后花园一样在这里散步。不过游览时，游人也不敢太过放纵，因为转个弯，就能看到荷枪实弹的守卫者。

　　这里离独立广场不远，应该不算冷门景点。可是若来到这里，人们会发现此处没有人声鼎沸的场面。这大概是因为那些严肃的警察，加之这里只有在周末才开放，不够诚心的人往往拍个照就转身离去。

　　因此，若能提前做好功课，迈进警察守护的铁门，便能独享这座建筑的美景了。草坪上的花在随风摇曳，等人们来到它身边时，它或许会点头致意。后院有两棵参天大树，巨大的树冠像两把大伞，为人们遮挡酷暑。走累了，还可以坐在大树下，闭目小憩，听不远处突突的摩托车声。

　　想要游览总统府，最好穿比较正式的衣服，不要穿拖鞋。此外，要记得携带证件，护照或身份证都可以。

在雄牛广场上看殖民时代建筑

雄 牛广场在独立广场东北部，站在这座广场上，可以欣赏最美的殖民时代建筑。广场的南边，矗立着一座拥有双尖顶的建筑——天主教大教堂，这座建成了上百年的教堂，时至今日还在给雅加达人带来美的享受。

教堂的对面，便是雅加达最重要的伊斯兰教礼拜场所——伊斯蒂赫拉尔清真寺。与它的"对门"不同，这座建筑十分的现代化，几何图形的窗户给人一种秩序感。如果没有看地图的话，你很可能会以为这座清真寺是一座政府大楼。

广场的东边是最高法院。这座建筑物比天主教大教堂的年龄还要大，已经存在了近两百年。它的旁边矗立着曾经的财政部大楼。在今天看来，这座建筑依旧雄伟，难怪当时的荷兰殖民者要将其当做政府行政中心。

雄牛广场的西边是曾经的人民委员会会议大厅。相比它的"邻居"们，这座建筑物看上去有些不起眼。其实也不怪它的设计者，因为在一开始，它只是荷兰军官的府邸。直到印度尼西亚的第一任总统苏加诺在此发表了著名的潘查希拉演讲，这座建筑才因其特殊的政治意义而声名鹊起。

　　相比四周的建筑，雄牛广场就像一杯白开水一样，淡而无味。它既没有精巧的装饰、恢宏的气势，又没有让人津津乐道的故事——建成不过 50 年左右，自然不会有人文底蕴，但它却成了这些历史悠久的建筑物的精神支柱。为什么会这样？要从它的名字——雄牛说起。

　　在印度尼西亚，有一种野生水牛很受当地人尊敬。它的个头不大，也没有锋利的爪牙，却格外凶悍。遇到天敌时，它从不退缩，而是会竖起自己的毛，用尽自己所有的力气，与敌人决一死战。即使面对凶猛的老虎，它也能凭借自己看上去并不锋利的牛角，将老虎戳死。它是真正的勇士，它眼中那永不屈服的光，让敌人不战而降。

　　印度尼西亚人十分尊敬这种水牛，民间常有"水牛斗老虎"的表演。在印度尼西亚人看来，只要有不屈的勇气，就能战胜强大的敌人。因此在面对荷兰殖民者时，他们也变成了这样的水牛。他们告别家人，带着视死如归的精神走上战场，只为换取自由和和平。

　　1945年8月17日，印度尼西亚正式独立，印度尼西亚人民终于推翻了殖民统治。不久后，他们在市中心建造起这座广场，以激励后人。如今，雄牛广场默默守护着当地百姓，而那些独属于殖民者的建筑，也早已成了景点。

将全国藏于一园中
——缩影公园

即使游人的时间再充足，也很难游遍整个印度尼西亚。于是，聪明的印度尼西亚人建造了缩影公园，"将全国藏于一园中"，让人们在雅加达一览印度尼西亚的所有风采。

很多人看到"缩影"二字后，便表示不愿意游览这个景点。这大概是因为在很多人看来，"缩影"便意味着"缩小"，就像有人兴致勃勃地去游览"万园之园"之类的景点，却发现只能看到缩小版的故宫、凯旋门等，其精巧自然不及原建物的万分之一。

不过，在印度尼西亚缩影公园，人们不需要担心这个问题，因为这里的建筑都是照原样兴建的。

在此地游览时，人们不会有一种"在游览公园"的感觉。来到苏门答腊岛风景区后，便能尽情欣赏此处的热带风光，完全忘记了雅加达市中心的高楼。当走进屋顶"长角"的建筑后，或许还会有穿着米囊加保族服饰的人出来迎接你呢。

漫步于这座公园，会让人产生一种穿越感。试想，当你仔细端详世界闻名的婆罗浮屠的小佛塔后，再往前走一走，却发现自己来到了伊里安查亚岛上的"热带原始森林"中；等你与陈旧的独木舟合照完，转个弯，又发现自己来到了一座金碧辉煌的宫殿前；而你刚刚告别闪烁着金光的宫殿，却看到用树干搭成的高层茅草棚出现在自己眼前，怎么会不产生一种身处时空隧道的错觉？

　　印度尼西亚是著名的"千岛之国"，为了让游客体会在岛屿间穿梭的感觉，建造者根据印度尼西亚地图修建了一个人工湖，你可以荡舟于印度尼西亚诸岛之间。大多游客都喜欢自己租一个独木舟，泛舟于湖上，看粼粼波光，赏两岸风景。

　　独木舟看似很容易驾驭，实际上一点也不"听话"。在公园中，常常能看到这样一幅画面：拿着船桨的游客信心满满，一个个都好像是龙舟运动员，一边喊口号一边划水。

　　然而他们只有龙舟运动员的架势，却没有龙舟运动员的实力。他们的汗都流进了人工湖中，可独木舟还在原地打转。面对这样的情景，游客们也不着急，索性将船桨放在一边，请水流做自己的"向导"。这种做法很聪明，因为无论水流将船只带到何处，他们都能欣赏到美妙的风景。

　　此处虽然号称"缩影公园"，但是一点也不小。如果你只靠双脚游览的话，即使只是走马观花似的，一天下来，也不一定能游览完这个公园。

于是，乘坐高空环园缆车，从高空俯视整个公园，便成了大多数人的选择。坐在缆车中，能清楚地看到印度尼西亚的国土，明白哪里是海、哪里有火山、哪里有山脉。缩影公园便变成了沙盘，只不过是一个占地约 120 公顷的沙盘。

也有很多人选择租车游览，司机停在哪儿，便在哪儿游览。公园内没有讲解员，要是不太了解印度尼西亚的文化，可能分辨不出眼前的景致属于哪个省份。不过对大多数游客来说，这无关紧要，因为只想沉醉于眼前的风景。

小贴士

交通：乘坐 Koridor 7 路公共汽车至 Kampung Rambutan 总站，再换乘 T15（metro—mini）可到达公园入口。

开放时间：8:00—17:00。

免费表演：缩影公园每周日有免费的民俗表演。

长江后浪推前浪
——皇家高尔夫球场

对高尔夫爱好者来说，雅加达是一个充满奇遇的城市。从雅加达市中心出发，在一个半小时的车程内，可以遇到 30 多座高尔夫球场，而且这些高尔夫球场大多都有绝佳的地理优势以及精良的设备。其中最为出名的是距离市中心不到 15 分钟车程的皇家高尔夫球场。

雅加达不乏充满历史沧桑感的高尔夫球场，比如由荷兰殖民者修建、有百年历史的雅加达高尔夫俱乐部。相比这些高尔夫球场，皇家高尔夫球场似乎过于年轻——2008 年它才开业。在老牌高尔夫俱乐部眼中，皇家雅加达球场就像个愣头青，除了那股初生牛犊不怕虎的精神外，乏善可陈。

　　然而它们错了，在开业后短短几年内就成为雅加达最著名球场的皇家高尔夫球场，不仅仅有创意和激情，还有老牌球场所拥有的一切。

　　比如，它拥有绝佳的地理——毗邻雅加达第二大机场 Halim Perdanakusuma，它有各具特色的 3 个 9 洞。为了减轻人工痕迹，设计者还保留了大片的狗尾草和热带树种。如今，在皇家高尔夫球场中，高大的棕榈树和椰子树是最忠实的守卫者。

　　这样的高尔夫球场，如何不会得到人们的喜爱？它既有老者的智慧，又有年轻人的勇气，就好像它既能在茶室展示茶艺，又能去高空跳伞。

　　如今，球场的南场和西场成了亚巡赛印度尼西亚大师赛的举办地。参赛者们会喜欢这个地方吗？不知道。不过，他们在面对球场中的水障碍时，大概会对这个球场产生一种"又恨又爱"的心理吧。

无上的艺术享受
——雅加达交响音乐厅

这是一个具有国际标准的音乐厅，它的初期反射音以及整个音乐厅的回音效果，都可以成为其他音乐厅的标杆。

对音乐家、演唱家来说，这里是最理想的演奏场所。曾经在此演奏的演奏者表示，雅加达交响音乐厅的回音效果可与世界上最好的音乐厅相媲美。无论是独唱、独奏、合唱，还是大型的交响乐，都可以取得最理想的音乐效果。

对听众来说，这个音乐厅十分友好。音乐厅有一千多个座位，其中有近98%的座位可以正视整个舞台。即使运气不够好，买到了视线不够好的座位，依然能看见近70%的舞台。

不过，听众往往不会在意这小小的缺憾。因为当舞台灯亮起后，他们的心思便随着或激昂或曼妙的音乐飞远了。

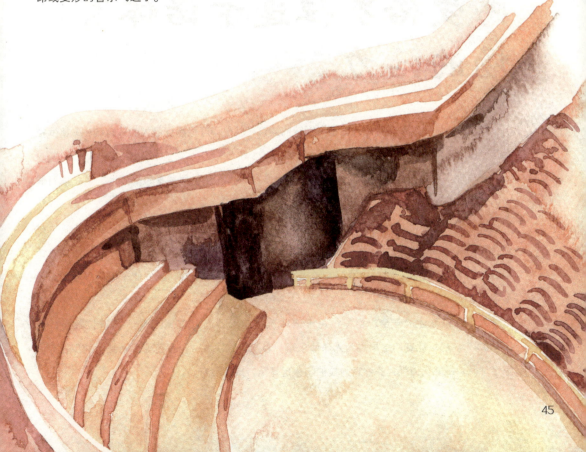

感受格罗拉蓬卡诺体育场的活力

雅加达市中心，那座犹如天圆地方铜钱的建筑，就是印度尼西亚最大的体育场——格罗拉蓬卡诺体育场。

在当地人眼中，这座能够容纳近十万人的体育场，既是各种赛事的举办地，还是体育健身的理想之地。

说到体育赛事，人们一定不会忽略 2007 年在此举办的亚足联亚洲杯决赛。决赛前，大批球迷聚集在体育馆周围，他们穿着球衣，扛着巨大的旗帜，为支持的球队呐喊助威。体育馆附近的酒店早已爆满，附近小酒馆的老板准备好了啤酒和塑料凳，以便让来酒馆观赛的球迷尽情地享受比赛。

为了保证球迷的安全，格罗拉蓬卡诺体育场还拆了近 2000 个座位，将座位数量降至 88 000 个。那场比赛的结果也为人津津乐道，首次进入决赛、国家还处于动乱中的伊拉克国家足球队，战胜实力强大的沙特阿拉伯国家足球队，成了传奇。

从此之后，格罗拉蓬卡诺体育场声名鹊起，成了伊拉克国家足球队球迷心中的圣地。

虽然提到当年的那场比赛，不少雅加达人还是很激动，但是喧嚣过后，人们还是要回到日常生活中。拿掉"2007年亚洲杯决赛举办地"的光环，格罗拉蓬卡诺体育场成了一个温暖又平凡的锻炼场所。

白天，常有人来此跑步、跳远。这些人都不是专业运动员，跑一两圈就气喘吁吁的人并不少见，边跑步边和朋友说话的人也不少。不过他们都一脸轻松，或许他们就是来此感受锻炼氛围的。

也有认真的人，他们戴上耳机，连跑几十圈才停下来。虽然汗如雨下，但他们却没有丝毫疲态，就像一个真正的运动员。

在博物馆中近距离接触科莫多龙

有人说，科莫多龙之于印度尼西亚，就如大熊猫之于中国。不过科莫多龙可不像大熊猫那样可爱无害，相反，它们可算得上是自然界的超级杀戮机器。它们是已知体型最大的蜥蜴，平均体长为 2.5 米，它们有坚硬的爪子、粗壮的尾巴、锋利的牙齿以及可致人死亡的毒液。

它们是最狡猾的捕食者，常常在猎物经过的地方埋伏，趁猎物不注意时，冲上去咬断猎物的腿，再撕开猎物的喉咙，使猎物因失血过多而丧命。

一位科学家曾看到科莫多龙捕食一头野猪，其强悍的战斗力让他印象深刻。捕食成功后，那头重约 50 千克的雌性科莫多龙，竟在 20 分钟内吃掉了重约 30 千克的猎物。

科莫多龙也不是慈祥的"长辈"，它们经常捕食幼仔，因而年幼的科莫多龙只能生活在树上。或许是从小就种下了仇恨的种子，所以长大后的科莫多龙，在对待那些年老的"长辈"时也毫不客气。

　　这样来看，科莫多龙似乎一点都不讨喜：它们十分凶残，连同类都不肯放过；同时又十分危险，虽然它们很少主动攻击人类，但是也有人死于科莫多龙所咬伤口中的毒液。然而，依然有不少游客专程来印度尼西亚观赏科莫多龙。

　　比如，现已成为国家公园的科莫多岛，就是科莫多龙爱好者的圣地。这是人们首次发现这种巨型蜥蜴的地方——那些被流放到岛上的罪犯，发现了这种吃人、吃野猪的巨型怪兽，也是最大的野生科莫多龙栖息地。如今，在岛上的观测点中，人们可以轻松地追踪到科莫多龙的踪迹。

地址：科莫多龙博物馆在印度尼西亚缩影公园内。

　　身处雅加达的科莫多龙爱好者也不要灰心，在这个车水马龙的城市中，依旧可以观赏到科莫多龙。当然，科莫多龙并不会在街角出现，如果想观赏它们，就需要去科莫多龙博物馆。

　　博物馆的外观被设计成科莫多龙的模样，站在博物馆外，人们就能感受到科莫多龙的气场。即使来到都市，科莫多龙也保留着自己的野性。看见参观者后，它们不会露出笑脸，而会仔细地审视这些激动、陌生的面孔，时不时吐出自己长长的舌头，以便收集周围的气味。

　　博物馆内有专门的讲解员，向游客介绍这种巨型蜥蜴的特点。人们还能近距离地接触科莫多龙，不过不是活的，而是科莫多龙的标本。

一应俱全的"小城市"
——安佐尔梦幻公园

位于雅加达市郊的安佐尔梦幻公园，是印度尼西亚最大的主题公园。

其实，与其将其称为公园，不如将其称为"小城市"。这里有一个巨大的游乐场，当然，这对主题公园来说并不算什么。但是这里还有大型游泳池、高尔夫球场、电影院、水上乐园、海底世界以及酒店，设备之全，让人惊叹。

那些性急的游览者，一进园就向着游乐场跑去。当然，相比大型游乐园的过山车，这里的过山车只算是中规中矩，但是在过山车上看到的景色，却是其他游乐场比不了的。公园中到处都是参天大树，有些树木比过山车轨道还要高。过山车启动后，人们便能化身"人猿泰山"，感受在原始森林中穿梭的乐趣。

冒险者一般会选择出海。码头上停靠着五颜六色的渔船，它们都被精心"打扮"过了，船身上漆有各式各样的图案，有的是船主的名字，有的是图腾，有的是卡通人物。船上救生衣、救生圈一应俱全。

一般来说，冒险者到得比较晚——上午十点左右才能到达。若在平时，渔夫们早就出海归来了。幸好这是一个主题公园，园区中的一切都是为游客设置的，游客希望出海打鱼，自然有渔夫做他们的向导。

虽然这项活动的商业气息浓厚，但是出海之后，人们感受到的惊险刺激和丰收的喜悦却是实实在在的。不过也有人无法接受这种真实，如同去草原旅游，终于找到一匹不被牧民牵着的马，但当你发现这匹马并不像想象中那样"老实"，你也没有精湛的骑术后，就只能承受"颠簸之苦"。同理，那些不能享受海钓乐趣的人，只能坐在船舱中默默忍受晕船之苦。

　　水上乐园则是孩子们的天堂，那些五颜六色的滑道总能吸引大大小小的孩子。此处设计科学，家长们从不用担心这些滑道是否足够安全，何况这里还有安全员。家长只是在烦恼一件事：该怎么劝说意犹未尽的孩子回家？

　　虽说这里算是个"儿童乐园"，但是也并不代表家长只能在一旁干坐着。水上乐园也有专属大人的滑道，而且相比孩子的滑道，这里冷清多了，省去了排队的时间。若是家长不愿意进行这么"激烈"的运动，也可以泡在游泳池中，闭上眼睛，还能感受到从不远处吹来的海风呢。

也有情侣选择来这里约会，此时，海边的摩天轮便成了情侣的约会地点。摩天轮内格外安静，人们似乎都能听到身边恋人的心跳声。

摩天轮很大，在最高处可以将海景一览无余。而换一个角度，矗立于雅加达市中心的高楼又出现在人们眼前。不过情侣或许没有心思欣赏高处的美景，因为他们所有的注意力都放在身边的恋人身上了。

若是你什么都不想做，也可以在海边找一个小馆子，烤几串鱿鱼，来一杯海鲜酒，感受海风在身旁自由地打转，看青绿色的海水来来回回，听不远处的马达声，感叹一句"偷得浮生半日闲"。

感受拉古南动物园中的
热带风情

雅加达南郊林木参天之处，就是拉古南动物园。

其实，将此地称为"拉古南野生动物园"可能更贴切一些。刚刚进入动物园，人们便能听到园区中狮子的吼叫声。乘坐公园的游览车，就能看到狮子或老虎在草坪上自在地散步。

野生动物园之间似乎没有太大的差别，都有气势汹汹的老虎、狮子，狡猾但美丽的狐狸，看似憨厚可爱实则危险的黑熊，但人们从中获得的乐趣却各有不同。

诚然，为野生动物尖叫的心情没有什么区别，但看在热带雨林中奔跑的动物，与看在假山石间踱步的动物，人们的感受自然不一样。

这里的设计很有趣，道路蜿蜒曲折，像是不想让人们看到这座动物园的全貌。当人们沉迷于热带雨林景致中时，狮吼声应景地响起，让人不自觉地收回放在车窗上的手。

这座动物园总是能给人带来惊喜。它依山而建，当司机和上坡较劲，而你对当前景色感到无聊时，一个拐弯悄悄出现，两只老虎出现在你车窗旁。若不是它们正在慢悠悠地散步，你还会以为它们一直悄悄跟在身后，像个狡猾的捕食者一样，准备一口咬断你的喉咙。

当然，这座公园也不是永远这么惊险。在步行区，你可以看两只河马打架，它们十分讲究礼仪，即使打得热火朝天，也绝对不会波及你。你还能找羊驼玩耍，它们也很有礼貌，即使你惹怒它们，它们也不会对你动用武力，最多向你吐一口唾沫。

红毛猩猩是这座公园的明星，即使参观猩猩园要另买门票，但这依旧阻止不了人们的热情。红毛猩猩很聪明，它知道栏杆外的未知物种都是来看它的。虽然它懒懒的，但是在吃过人们投喂的食物后，它还是会礼貌地唱几句。不过它并没有发现，人们只是想欣赏它的吃相罢了。

玄茂物植物园看巨花魔芋

雅加达以南约60千米处，有一个被称为"世界雨城"的城市。据说，这里几乎每天都会下雨。而且因为在一年中，这里有约330天都在下雷雨，所以这座城市还获得了一个称号——"世界雷都"。

这座城市便是著名的避暑胜地——茂物。

平均气温为25℃左右的茂物，是无数印度尼西亚人理想的度假胜地。无论是古代的国王、近代的荷兰殖民者，还是如今的印度尼西亚总统，都在茂物建有别苑。他们不远万里来到这里，只为呼吸新鲜空气，以及在下雨时寻找隐藏在云端的雷公电母。

茂物不仅是人类的避暑胜地，还是各种植被的理想家园。或许只有来到茂物，才能明白什么叫满目苍翠。在这里，大片的草坪代替了石子路，像士兵一样的棕榈树也很常见。让人心醉的是那些叫不出名字的大树，它们如同饱经沧桑的老者，用盘曲嶙峋的枝干为游客讲述古老的故事。若是你足够幸运的话，还能在大树下发现散步的小鹿。

虽然住在街头也很好，但是众多植物最理想的家园，还是坐落于市中心的植物园——茂物植物园。

茂物植物园占地约 100 公顷，是亚洲最大的热带植物园。这里古树参天，绿草茵茵，有超过 15 000 种植物，被称为"雅加达绿肺"。

一进园，人们便能明白它为何会被称为雅加达绿肺。新鲜的空气扑面而来，人们甚至能感受到二氧化碳是如何被大树吸走的。

在这里散步再好不过。太阳透过树叶洒下斑驳的影子，小路蜿蜒曲折。沿着小路走，便能看见恬静温柔的湖泊，湖面上的睡莲随风摇曳，不远处的水鸭自在地戏水。让人忍不住伸个懒腰，然后坐在湖边的长椅上闭目小憩。当然，这里不仅仅是公园，还是植物博物馆。园中的大部分树种都有标牌，上面写了该树的名称和来源。在这里，可以看到在《小王子》中出现过的猴面包树，也能欣赏极为珍贵的白檀香树。不过，要说谁是这里的超级明星，或许所有的植物都会为巨花魔芋让道。

　　巨花魔芋为天南星科魔芋属，和我们平常吃的魔芋是同一个家族的。不过它没有魔芋那么小巧可爱，相反，它是世界上最大的花——其花朵的直径长约1.5米，高近3米。

　　它也没有普通魔芋那样香甜可口，开花时，这种植物会散发出一股恶臭，故被称为"世界上最臭的花"。

或许，人们会对它的外号——尸臭魔芋更加熟悉。传说中，这种会散发尸臭的植物是守护所罗门宝藏的恶鬼。人们喜欢将其栽种在墓室中，等盗墓贼走近后，它会利用自己诡异的气味，编织出一个又一个幻象，让盗墓贼在墓中迷失，甚至自相残杀。

　　事实上，巨花魔芋能散发出腐肉的气味不假，但它并不是一个恶魔。相反，它对人畜无害。在需要传粉时，它便假扮成一个有巨大伤口的动物尸体，引蚊虫飞来。等蚊虫身上沾满花粉后，它再将蚊虫放出去。蚊虫死里逃生，喜不自胜，而巨花魔芋找到了免费传粉者，也得意扬扬。

　　"蚊虫误入巨花魔芋"的故事，一向都有一个皆大欢喜式的结局。因此，在走近巨花魔芋后，你无须害怕，因为你看到的巨大的花瓣，以及闻到的尸臭味，都是真实的。

第四章

探寻博物馆，聆听历史的回音

在雅加达逛博物馆是一件极为有趣的事情。

这里有很多博物馆，且每个都极具特色。比如：在由货仓改建的海事博物馆中，你能感受到往日的繁华；在雄伟的国家博物馆中，你能摸到这个国家的脉搏；在造型独特的风筝博物馆中，你可以重拾童心。

或许，你什么都不需要做，只需静静坐在博物馆中，听博物馆为你讲述往日的故事。

在风筝博物馆重拾童心

这里根本不像个博物馆。

说到博物馆，人们大概会想到淡黄色的灯光、精致的藏品以及故意放低声音的参观者。然而，这个博物馆却颠覆了人们对博物馆的所有印象。这里虽然也有被玻璃罩起来的藏品，但更多的藏品被直白地放在人们面前，参观者甚至还能伸手触摸它们。

这座博物馆的参观者也很不"守规矩"，指着藏品大声评论，或在博物馆内跑来跑去的场景很常见，可博物馆的工作人员却对这种"捣蛋行为"视而不见。

这个奇妙的博物馆，就是印度尼西亚风筝博物馆。

　　这里是孩子的天堂。一进入这座博物馆，孩子们就如同进入糖果商店一样，恨不得将这里所有的风筝都带走。而那些表情严肃的成年人，也会在这里找回自己的童心，忆起与父母一起放风筝的往事。

　　这里的风筝很有特色。有一个"天马"造型的风筝，虽然看上去有些笨重，但博物馆的工作人员却信誓旦旦地告诉参观者，这架风筝曾经翱翔于天地，甚至是当时所有风筝中飞得最高的一个。

　　这里的风筝教室很受欢迎。亲手做一个风筝，不知道是多少人年少时的心愿？不过，梦很美而现实很残酷。当游客准备将风筝的模样画下来时，他们就开始犯难：自己又没有学过画画，如何将理想中的风筝画下来？

　　他们只得硬着头皮上阵。于是，蝴蝶被画成了蜻蜓，公鸡变成了毛毛虫。这倒还不算什么，还有人专门生产"四不像"，连经验丰富的师傅都忍不住笑了。但是这些人却毫不在意，在他们看来，相比精良的风筝，"四不像"风筝更有意义。

倾听历史的喧嚣
——历史博物馆

作为一个博物馆，它还算是年轻——1974年才成为雅加达历史博物馆。但是早在1627年，它就已经矗立于这座城市的中心了。那时，它是雅加达的行政中心，是荷兰东印度公司在这座城市修建的第一座市政厅。

它也曾被用作市政法院，有些人甚至称它为"一代王朝的中心"。不过荷兰殖民者并不算英明的"君王"，他们带给当地人的只有压迫和剥削。而这座象征了荷兰殖民时期最高权力的建筑，曾是无数雅加达人的噩梦。

直到印度尼西亚独立，这座前市政厅变成了博物馆，人们才慢慢放下自己的戒心，与这座荷兰殖民时期的建筑握手言和。

雅加达历史博物馆位于旧城区中心。

这是一栋两层建筑，拥有灰白色的墙体和砖红色的屋顶。虽然在 300 多年前，它算是比较宏伟的建筑，但是到了现代，相比现代化的博物馆，它变得平凡朴素。虽然它依旧有种庄严感，但是在大多数时候，它更像一座民居，不过是规模足够大、足够精美的那一种。

它门前是一个小型广场，广场上有很多游客，他们拿出相机或手机，与这座历史悠久的博物馆合照。广场也有当地人，他们骑着自行车，不停地按车铃，在游客中自在地穿梭。

这里还有推着小车叫卖的小贩，虽说食物味道并不算好，可是那飘扬红白旗的小车总能吸引不少游客。买一碗鱼肉丸，或是来一份烤麻糍，每个游客都吃得津津有味。

小贴士

开放时间：周二至周日 9:00—15:00。

博物馆内部也很有看头。在这里，你可以看到荷兰殖民时期的钱币、16 世纪的旗帜、18 世纪的家具以及伊斯兰教传入时期的名画。古老的地图前总能聚集不少人，人们不仅会将这些地图照下来，还会仔细研究，大概是因为这些刻着古老文字的地图实在太像藏宝图了。

博物馆内有尊黑色花岗岩的 Kali 雕像吸引了不少参观者。在印度教中，Kali 是掌管死亡和毁灭的女神。而在这座博物馆中，这位女神成了光明的代表，令人惊叹的雕刻技术，让她成了人们梦中的仙子。

在印度尼西亚国家博物馆寻宝

独立广场西边那座欧式的白色建筑，便是印度尼西亚规模最大、收藏最丰富的博物馆——国家博物馆。

国家博物馆听上去有些严肃，所以当地人给它取了一个更加可爱的别称——大象博物馆，并不是因为该博物馆的馆藏与大象有关，而是因为博物馆前面草坪的石墩上立有一头青铜大象，这是 1871 年暹罗王拉玛五世来访雅加达时赠送的礼物。

这座青铜像不大，要是人们不太仔细的话，或许会错过这头可爱的大象。不过，你可别小看这头青铜大象，在当地人心中，它是这座博物馆的守护神。

在印度尼西亚国家博物馆中，还能看到很多具有印度尼西亚特色的藏品。比如，在博物馆的第一层，可以看到 30 万年前的爪哇猿人头骨化石，以及玻璃棺材中的整具骷髅。

当然，这个博物馆中也并不全是骨头，还有从爪哇岛上挖掘出来的象首人身佛像，以及属于苏门答腊岛的独特的房屋模型。

更有趣的是，人们还能在这里看到熟悉的藏品——瓷器。白底蓝花的瓷器具有浓浓的中国风情，旁边的瓷器上的那条龙鲜活灵动，好像马上就要从展览柜中飞出来。在这里，既可以看到清朝时才出现的珐琅彩瓷，也能看到商朝时期的瓷器。

据荷兰东印度公司的记载，每年仅从巴达维亚（雅加达的古名称）转运欧洲的瓷器达到300余万件，其中还不知有多少瓷器成了印度尼西亚人的珍宝。因此，当人们在这座博物馆中看到数量庞大的中国瓷器时，也就不会感到奇怪了。

小贴士

开放时间：周二至周五 8:00—16:00；周六和周日 8:00—17:00。

由货仓改建的海事博物馆

海事博物馆就在咖留巴入口处附近，由老旧的荷兰东印度公司的货仓改造而成。这座旧式建筑颇为华美，只是大量闲置空间让这里显得空荡荡。这里的游客不多，这让博物馆更显寂寥。不过馆内的展板很有意思，它们被悬挂在粗大的木梁之下，设计者似乎想要保留殖民时期的记忆。

在此参观时，人们难免会有一种穿越感，好像自己又回到了荷兰殖民时期，而这座博物馆也变回了殖民者的货仓。出现在这间房间内的物品，不再是印度尼西亚各地的传统船只、精美的灯塔灯，而是殖民者从各地掠夺来的物资：香料、白糖、石油……

小贴士

开放时间：周二至周日 9:00—15:00。

玄哇扬戏博物馆欣赏光与影的艺术

在爪哇语中，"哇呀"是"影子"的意思，而"哇扬戏"就是"影子戏"。说到哇扬戏，精巧的人偶是不会被人忽视的。甚至有人说，这些人偶就是哇扬戏的灵魂。即使它们就孤零零地躺在那儿，没有表演任何故事，但人们通过它们脸上的表情，就能知道它们的性格，甚至还能想象出那些发生在它们身上的故事。

在哇扬戏博物馆中，你就能欣赏到这些精美的哇扬戏人偶。

博物馆的橱柜中摆满了来自印度尼西亚各地的人偶。有些人偶看上去比较年轻，崭新明亮，像是不知愁滋味的少年，或许在被制成没多久就送到这间博物馆了。有些人偶看上去比较"沧桑"，残旧破损，像是装着一肚子故事，或许它已经走遍了整个印度尼西亚。

博物馆的灯光有点暗，人偶的长相也不算可爱，那些胆小的游客会对这里产生一种畏惧感。来这里参观的孩子，总是紧紧地跟在家长身后，似乎在担心自己会被橱柜中的人偶抓走。

不过，当他们欣赏过博物馆的表演后，就改变了自己的想法。那些破旧的，甚至看上去有些阴森的人偶，在表演者的操纵下，变成了印度尼西亚民间故事中的英雄。看着人偶在幕布后活灵活现地表演，人们的恐惧早已消失，他们如所有的印度尼西亚人一样，都被这些人偶、这种艺术深深地吸引住了。

小贴士

开放时间：周二至周日 9:00—15:00。

欣赏银行博物馆中的古董机械

老城区广场入口处，那座颇为宏伟的新古典主义建筑便是印度尼西亚银行博物馆。这座前身为银行的博物馆，掩映在绿树中，看上去有些神秘。虽然已经翻修过，但人们还是能感受到其恢宏的气势。若不了解这座建筑的历史，人们或许会以为这是某个重要的政府建筑。

虽然这座建筑已经修建了近百年，但是里面的陈设却颇为现代化。博物馆采用了多媒体技术，并以金融为切入点，形象生动地向参观者介绍了印度尼西亚跌宕起伏的历史。

在这里，你能深入了解 1997 年亚洲金融危机，明白印度尼西亚是如何恢复本国经济的。你也能看到在荷兰殖民时期，印度尼西亚人是如何苦苦支撑本国经济的。

要是你对这些都不感兴趣，那就欣赏橱柜中的古董点钞机、算盘和老式打字机吧，即使沉睡了几十年，它们依然迷人。

小贴士

开放时间：周二至周四 8:00—15:30；周五 8:00—11:30、13:00—15:30；周六和周日 8:00—16:00。

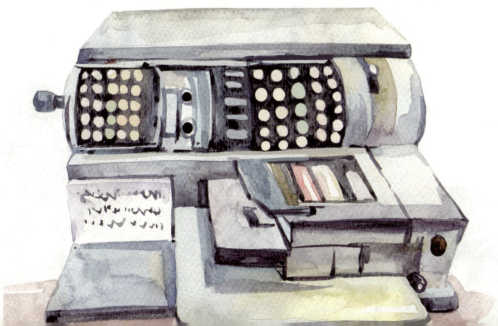

第五章
感受不同文化的完美交织

在雅加达城中漫步时，你会发现，原来这个城市如此矛盾。

这里有庄严雄伟的清真寺，也有古朴宁静的佛寺；有新潮的大商场，也有破旧的街头小店；有散发着中药气味的中国城，也有满是东南亚风情的古董街。

然而，虽然它看似矛盾，但当地人却和这些不同的文化相处融洽。

中国城中勤劳低调的华人

中国城就是华人聚集的地方。然而，雅加达的中国城，相比于其他国家的中国城、唐人街，似乎少了点"中国味"。

诚然，在这里你也能看到贩卖中国食物的小食铺，听到带点潮汕口音的普通话，但是这里没有满街的中国红，也没有大大小小的灯笼。若是忽略那些写着中文的商铺牌匾，这个中国城似乎和雅加达那些稍显破旧的街道没有什么区别。

这里很少出现游客，或许也有人慕名而来，不过他们往往会对那些简陋的商铺感到失望。在这里，人们也可以购买到具有中国风情的小物件，但是这些商品不算精巧，质量也一般，唯一值得夸赞的大概是它的价格。

在其他国家，中国城或者唐人街的夜市很出名。比如吉隆坡的唐人街，到了夜晚，商铺外摆满了桌椅，那些熟悉的、不熟悉的人，围在一张木桌旁，只为品尝地道的马来风味食物。

而雅加达的中国城似乎有点懒，华灯初上，夜生活刚刚开始，这里的小贩却忙着收摊。与吉隆坡的唐人街不同，这里的小贩清晨就起床了，或许相比夜市，他们更喜欢早市。

　　中国城算不上是一个热门的景点，也很难讨得游客的欢心。然而，它也有忠实的支持者，那就是在附近生活的华人。

　　在这里，你常常能看到坐在一起闲聊的老人。他们或许是独自来印度尼西亚打拼的，或是自小跟着父母来此的。无论如何，他们都在这座城市生活了大半辈子。也许，再过一些年岁，他们会永远地留在这里。

他们熟悉这座城市的每一条街道，清楚这座城市的历史，甚至能感受这座城市的灵魂，他们是"雅加达通"。然而，他们最喜欢的，还是坐在稍显破旧的中国城中，用带一点口音的普通话，和朋友们话家常。

　　他们喜欢去转角处的小餐厅聚会，餐厅的主打菜是北京烤鸭、海南鸡饭和麻婆豆腐，店主似乎刻意不让食客看出他来自哪个地方，餐厅的塑料板凳有些破旧，但这并不影响他们的兴致。他们会点一壶茉莉茶，要一份海南鸡饭，之后坐下来聊天。

　　他们的话题多种多样，可以从孙子要选择什么样的小学，聊到在哪里可以找象棋高手。有时候，他们也会聊些中国的新闻。当然，他们并不知道如何上网看新闻，这些消息大多来源于中国城中的书店。

　　书店内的中文报纸都是从外地运来的，新闻并不及时，但这依旧打消不了他们的热情。在聊到中国新闻时，他们好像不再是白发苍苍的老人，而是充满希望、干劲的年轻人——一如他们刚刚来到这座城市时一样。

　　他们也很喜欢药材店。与中文书店不同，在中国城，药材店很常见。药材店的气味并不好闻，若深吸一口气，你或许能闻到隐藏其中的苦味。然而，这种弥漫着药材味的小商铺，却是这些老人的最爱。最开始，他们拿着中医开的方子来这里抓药。到了后来，他们秉持"久病自医"的理念，头疼脑热时，便自己来这里抓药。

　　这些老人看似悠闲自在，但他们也有自己的烦恼。当年他们来到雅加达，本以为可以挣到钱，衣锦还乡，然而残酷的现实让他们不得不逗留在此，落叶归根的心愿也成了一个遥远的梦。如今，他们只能坐在中国城中，用自己的方式怀念故土。他们从不向餐厅老板抱怨海南鸡饭的味道，因为他们知道在外谋生的不易。

　　即使生活艰难，但人们还是会勇敢面对。清晨，当第一抹阳光洒在中国城中，店门打开，勤劳的华人又开始了一天的生活。

当地华人的精神支柱——金德院

金德院是一座古老的庙宇，始建于 1650 年，原本是一间观音庙。严格来说，它并不算是一间佛教庙宇，因为这里不仅供奉了观世音，还有玉皇大帝、太上老君等道教的神仙。

然而，当地华人似乎并不在意这些，佛教徒、道教徒都会来这座庙宇，燃香祈愿。来到这里，人们都变得很有默契：佛教徒就去供奉观音的大殿或是地藏殿，道教徒则在道教神仙的雕塑前跪拜。

这里也会出现没有任何宗教信仰的人，他们大多是跟着自己的亲朋好友来的，他们虽然不清楚佛教与道教的区别，也不明白旁边的人为何会如此虔诚地跪拜，但也会敬一炷香，见塑像就拜，以求心安。

金德院的香火鼎盛，你若在重要的节日时来到这里，大概会被香火熏得睁不开眼睛。为何金德院如此受华人的喜欢？大概是因为在很长的一段时间内，金德院是雅加达华人的精神支柱。

其实，金德院不仅仅是神的庙宇，还曾是当地华人学习的场所。19世纪初，当地华人在这座庙宇中办了一个名为"明诚书院"的私塾。人们请了几个通晓儒学的老师，给那些从未去过中国的孩子讲课。

就在这座庙宇中，孩子们接触了四书五经，了解了中国的历史。在他们看来，这座庙宇中隐藏着古老的智慧。

这些智慧，不仅仅来自那些沉默不语地、温柔地看着这世界的塑像，还来自那些飘着墨香的书籍。他们从未去过中国，却能在这间庙宇中，与那些早已故去的、智慧的圣贤对话。

虽然在2015年一场大火烧毁了金德院近50尊佛像，庙宇的主体建筑也因此遭到了损坏，但是不过短短一年，人们就重新修建了这座庙宇，而今日金德院的香火依旧鼎盛。

庄严恢宏的伊斯蒂克拉尔清真寺

独立广场不远处，那座拥有圆形穹顶的白色建筑物，就是伊斯蒂克拉尔清真寺。

这座东南亚最大的清真寺并不像热门景点。当然，你也可以看见游人和信众，不过相比庄严恢宏的建筑，人群如同蚂蚁一般，毫不起眼。阳光洒在清真寺白色的外墙上，朦胧的光线让这座建筑物显得宁静而温柔。

这里是不少印度尼西亚人心灵的栖息地。这座为纪念印度尼西亚独立的清真寺，可以同时聚集 12 万人，很多政要经常来这里做礼拜，印度尼西亚很多重大活动和仪式都在此举行。你若在礼拜时间来到此处，就会看到万头攒动的景象：信众坐在大堂中、走廊中同时祈祷，那场景让人印象深刻。

进入清真寺参观要脱鞋，这是不成文的规矩。因此，当看到门口卖塑料袋的小孩时，人们也不会觉得奇怪了。当孩子们眨着无辜的双眼，用不流利的英语问你是否需要塑料袋时，你或许会毫不犹豫地拿出 2000 印度尼西亚盾给他们。实际上，这是完全没有必要的"善举"，因为清真寺的工作人员会给每一位外国游人发套脚的布袋。

不过即使发生了这个小插曲，人们也不会因此烦躁，因为伊斯蒂克拉尔清真寺中空旷而神秘的长廊、高大宽阔的祈祷大厅、红白相间的弧形拱桥，总能安慰人。

即使仅仅在长廊中漫步，人们也能感受到这座建筑的美丽。阳光透过花式窗户洒下来，光洁的大理石地板让长廊变得清晰明亮。长廊尽头，那隐约可见的绿树红花，又为这里增添了一丝生气。

如果不是穆斯林，就不能参观祷告大厅，只能在大厅的门口遥望里面的装饰。这是为了防止游人打扰祈祷的信众，不过也无须因此沮丧，因为就算只是在门外欣赏，也能清楚地看见大厅中巨大的柱子，以及墙上瑰丽的花式雕刻。

若想要欣赏礼拜的情景，可以去三楼或四楼。在那里，不仅可以看见楼下的信众，听见他们的祈祷声，还能清楚地感受到祷告大厅的雄伟。

如果想更清楚地了解这座清真寺的历史，可以让这里的工作人员暂时充当讲解员。当然，讲解不是免费的，若只想安安静静参观，就要学会拒绝凑上来和你搭讪的工作人员。

其实，你不需要去了解什么，在这里随心所欲地散步就很好。阳光沐浴着走廊，信众三三两两地坐在地上，有的在冥想，有的在祈祷。你也可以坐下来，看树影娑婆，听历史的呢喃。

见证幸福的场所
——天主教大教堂

雅加达天主教大教堂，位于总统府附近，在伊斯蒂卡尔清真寺不远处，是一座拥有银灰色尖顶的建筑。

在雅加达市中心漫步，没有人不会被这座教堂吸引。那两个优雅的银灰色尖顶，如同美人的脖颈，引得无数游客前来。

这座教堂很美，虽然那斑驳的墙体向人们诉说了岁月的无情，但是那温暖的淡黄色灯光、晶莹的玻璃窗以及散发着木质香气的长椅总能留住游人。

教堂很大，主要分为两个厅，较大的那个厅可以容纳下近4500人。若是在安息日来到这里，你便能充分地感受到这座教堂的气势。近千人聚在这个教堂中，但你不会感受到如市场般的嘈杂，每个人都很安静。圣诗班唱歌时，人们都情不自禁地闭上眼睛，歌声在大厅中回荡，教堂就变成了设备完好的交响音乐厅。

　　若在举行婚礼时来到这里，感受到的就是另一种气氛。教堂中的婚礼自然不会有锣鼓助兴，新郎也不会和宾客拼酒，它自有一份仪式感。

　　但是，这并不意味着婚礼气氛是严肃的。走道的花瓣、新人手上的戒指、宾客的笑脸，都让这座庄严的教堂多了一丝情味。尤其是在新人拥吻，宾客欢呼时，教堂瞬间变成了狂欢之所。

　　在平常的日子，这座天主教大教堂也值得一逛。可以带一本书、一杯咖啡，在这里待上一个下午，感受时光在身上缓慢地流过。待到夕阳西下之时，阳光为这座教堂披上了金色的外衣，这座恬静的大教堂就会永远留在心中了。

感受雅加达新市场中的生活气息

去雅加达新市场中感受当地人的生活气息，再好不过。它虽然被称为新市场，实际上并不是一个新开放的市场。早在荷兰殖民时期，这个市场就存在了。那时候它便是人头攒动的购物市场，如今它依旧人潮汹涌。

市场很大，基本上有一半以上的商铺都在卖衣服。不过这些商铺的风格却有很大的区别，有卖穆斯林服饰的，一般来说，这些衣服都很传统；有卖小女生衣服的，这些衣服和国内的衣服没有太大的区别；有卖布料的，这些店铺是裁缝店，不过只做传统服饰。

这里永远不会缺少美丽的女孩，尤其是在她们换上新衣服之后。在这里，你能看到这些平时温暖、低声细语的女孩的另一副面孔。在发现心仪的衣服后，她们会如同发现宝藏般开心；试穿完衣服后，她们又变成了狡猾的商人，和老板打"游击战"；在准备付款时，她们又变得忧愁起来，纠结是否应该多逛一逛，货比三家。

当然，这个市场并不独属于女孩。进入这个市场后，那些看似豪爽的中年人，瞬间变成了"吝啬鬼"。他们虽然在很短的时间内就决定了自己的"猎物"，如一个皮包，但是总要花很长的时间和店主讨价还价。

这个市场对游客也很友好。虽然这里很大，且有很多个出口，但第一次来到这里的游客难免会产生一种在走迷宫的错觉，不过这样反而能让他们体会到探索的乐趣。

跟着人流往前走，游客会看到一个卖传统服饰的商铺，或许他们本没有买衣服的打算，但是看到衣服上精致的花纹后，会不自觉地停下脚步，心想：即使不买衣服，也总要试一试才过瘾。

离开服饰店，转个弯，一个鞋店出现了。这里既有普通的运动鞋，也有印度尼西亚传统样式的鞋子。再往前走走，便是人头涌动的饭馆。这些饭馆都有些破旧，塑料椅子似乎支撑不起人们的体重，摇摇欲坠。当地人似乎很熟悉这些餐馆，不用看菜单就能对店员说出自己的选择。

饭馆虽然简陋，但是游客无须怀疑食物的味道。无论是蕉叶饭，还是杂拌什锦饭，都是最地道的印尼风味。

感受寻宝的乐趣
——泗水路古董街

不得不说，泗水路古董街的外观还是很吸引人的。在阳光的照射下，红色的房顶清晰明亮，与不远处的绿树互相映衬。

这条长约300米的街道与雅加达老城区的街道完全不同。它干净整齐，几乎看不到垃圾，只有沉默无语的大树在摇晃它的枝叶。

有的小贩在店铺外面摆了几张造型奇特的桌椅——小贩声称这是苏丹王朝的样式，撑了一把遮阳伞，兼职卖起咖啡来。这一招很管用，站在古董街入口看去，这个兼职咖啡馆的商铺永远是人气最旺的那一个。

　　然而，相比它的"外貌"，它的"内在"就没那么吸引人了。虽然每一个小贩都号称自己贩卖的是古董，不过他们对待"古董"的态度或许有点太随便。

　　据说有几百年历史的雕像，就被随便地摆在入门处的柜子上，没有玻璃罩之类的东西遮盖。一些历史悠久的瓷器，也被随意地放在最上面的架子上，游客拿架子上的东西时，瓷器就随着架子摇摇晃晃，让人心惊胆战。

　　当然，几乎每个古董市场都有真有假，想要满载而归，只能靠你的眼力。如果你从没接触过古董，大可不必冒险，你可将这个古董市场当做跳蚤市场。

　　除了古董，这里还有不少具有当地特色的手工艺品，有精致小巧、栩栩如生的佛头木雕；也有完全看不出人工雕刻痕迹的榕木手杖。

　　这里值得好好逛一逛，不过你也不要过于在意商品的价格和真假，就当来此感受寻宝的乐趣吧。

充满情味的雅加达老城区

雅加达老城区，又名哥达老城区，位于雅加达北部，曾是荷兰对印度尼西亚进行殖民统治的中心。如今，人们依旧能在这里看到宏伟的历史建筑，不过它们大多已经被翻修，成了博物馆和洞穴一样的咖啡厅。尽管无法在它们身上看到往日的故事，但是走进老城区中，还是能感受到古老的韵味。

老城区的中心地带是一个叫法塔西拉花园的广场。这是一个鹅卵石广场，虽然名称中有"花园"二字，但是广场上却很少能看得见花草，只有一棵被砍了枝叶的大树（它的生命力很旺盛，如今已经发出了新芽），大概人们将周围富丽堂皇的殖民时代的建筑看作了花草。

　　广场的人不少，当地人骑着自行车穿梭于人群中。还有不少卖艺人，他们将自己涂成绿色，身前放个盘子，摆一个固定的姿势，等游客往自己这尊"雕塑"前扔钱。他们的方法很管用，一个上午过后，他们的盘子中便装满了钱。

　　这倒不是因为游客有种"看见雕塑就想扔钱"的习惯，而是觉得这些在炎日下卖艺的人很辛苦。尤其是那些瘦弱的孩子，汗水沾湿了他们的衣服，他们却不敢动。

　　广场上也有不少卖小食的小贩，他们的小推车前总是聚集了不少游客。其中，榴莲冰是最受欢迎的小食。盛榴莲冰的碗很小，两三口就能吃完，不过这并不能阻止人们对它的喜爱。

　　冒着一丝冷气的榴莲变得温柔多了，刺鼻的气味消减了不少——虽然这对榴莲爱好者来说并不是个好消息，榴莲和冰粒一起滑进人们的胃，瞬间安抚了人们因炎热的天气而变得躁动不安的心。

从广场出发，往西走就能抵达大运河。这条大运河曾见证过辉煌，在荷兰殖民时期，它曾为荷兰殖民者运送了无数的物资，数不清的船只在这条运河上来来往往。那时，运河沿岸是黄金地段，富贵人家在沿岸修建起豪宅。

如今，大运河的繁华不再，有些河段散发出阵阵恶臭。而那些豪宅也早已破败不堪，只有少数几个被翻修成了咖啡厅。

沿着大运河一直走，吊桥便出现在眼前。这时，你能欣赏到当地人最朴实的生活情景。吊桥那头，是一栋栋斑驳的平房，晾晒在栏杆上的衣服随风飘扬。这里的道路很窄，不过骑摩托车的人却总能在人群中找出一条道路来。

　　垃圾堆就在民居旁边，垃圾被随意地丢弃在这里，层层叠叠，散发着恶臭。垃圾堆旁边就是花店，百合和栀子花才不管这些垃圾，自顾自地散发香味。花店旁边有一个象棋摊子，几个老人在棋盘上厮杀。有时候，中年人也会加入战局。不过他们有些着急，总是实施"速战速决"的战术，因为他们赶着去上班。

　　也有比较悠闲的上班族，和老人们下完棋后，他们还会去街头小贩那儿买碗肉丸汤，即使碗中只有孤零零几个肉丸，香菜"变客为主"，他们还是吃得津津有味。

　　这是最平凡不过的生活情景了，但是相比车水马龙的城市，你也许会觉得这个地方更可爱。因为这里的人都很热情，无论是老人还是小孩，无论是否擅长英语，他们都会为迷路的你指明方向。

　　他们虽然贫穷，却热情乐观。身处这样的氛围中，你也会不自觉地放慢步子。

第六章

感受印尼的心跳，了解风俗与文化

　　如果有人问你，这个国家的哪些事物吸引了你，你会如何回答？你或许会说自己爱上了香甜的热带水果，被雅加达老城区的风情吸引，想要好好享受阳光、沙滩、大海……

　　是的，这个国家能让人印象深刻的事物太多了。旅程结束后，你似乎能成为半个"印度尼西亚人"。

你熟悉印度尼西亚每一个景点的特色，清楚它的交通状况，甚至知道如何和小贩砍价。

然而，你了解过这个国家的风俗和文化吗？你是否知道他们的社交礼仪、信仰和禁忌？要知道，只有弄懂了这些，你才能真正地触摸到这个国家的灵魂。

感受这个国家的宗教文化

来到印度尼西亚，你不得不重视这里的宗教文化。印度尼西亚是个多宗教并存的国家，几乎每个人都有宗教信仰。

甚至有人说，想在印度尼西亚生活，你必须为自己选择一个信仰。若是实在没有信仰，你也要为自己编造一个，至少在当地人询问你时可以回答上来，不然当地人就会把你当做异类。

这种说法未免有些夸张，但不可否认的是，在印度尼西亚处处能看见宗教存在的痕迹。比如，在游览独立广场时，你会不自觉地被对面气势恢宏的伊斯蒂克拉尔清真寺吸引，这座能容纳约 12 万信众的建筑，在阳光的照射下，显得庄严而圣洁。

当你离开市中心，来到乡村时，你也能看到矗立在路边的崭新清真寺，这是当地老百姓自发修建的，即使他们要为此缩衣节食。信众每天都会去清真寺祈祷，游客是不能进去参观的，但是能听到祈祷时特有的音乐声，这种奇妙的旋律会通过大喇叭传遍四方。

　　印度尼西亚也有不少佛教寺院，在这些佛教寺院中，你总能看到不少华人。人们聚集在寺庙中，烧香拜佛，向神灵诉说自己的心愿。与清真寺不同，佛教寺院一般不会传出旋律，这里的寺庙基本上没有古钟，但是当闻到令人凝神静气的檀香味，听到带有一点东南沿海口音的普通话时，让人倍感亲切。

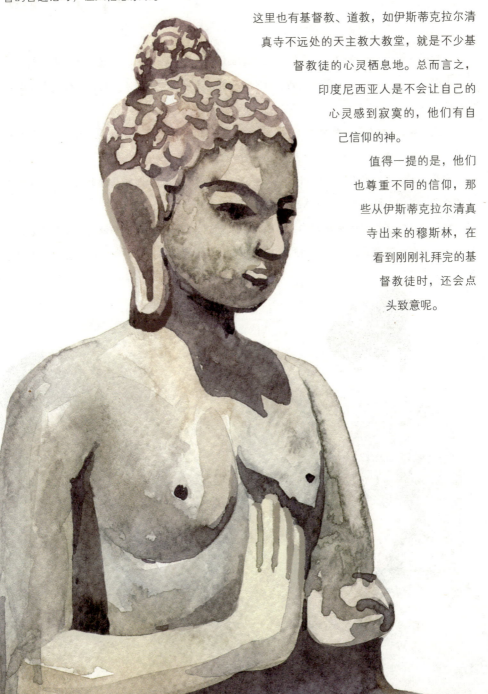

　　这里也有基督教、道教，如伊斯蒂克拉尔清真寺不远处的天主教大教堂，就是不少基督教徒的心灵栖息地。总而言之，印度尼西亚人是不会让自己的心灵感到寂寞的，他们有自己信仰的神。

　　值得一提的是，他们也尊重不同的信仰，那些从伊斯蒂克拉尔清真寺出来的穆斯林，在看到刚刚礼拜完的基督教徒时，还会点头致意呢。

印度尼西亚的官方语言
——印尼语

启程去印度尼西亚之前，你会做哪些准备工作？当然，查酒店、机票、目的地的交通是必不可少的。也有人提前查询适合的伴手礼、不容错过的景点。但是，你提前了解过印尼语吗？

看到这里，也许有些人会嗤之以鼻："能说英语不就可以了吗？"的确，在很多人的印象中，像印度尼西亚、泰国这样的东南亚国家，英语是绝对的主流。

事实上，虽然在有些地方你可以用英语交流，但是在大部分时候，你之所以能购买到心仪的商品，靠的不是英语而是肢体语言，或是运气。

比如，当你去街边的水果摊购买水果时，你还觉得自己能用英语与那白发苍苍的老奶奶沟通吗？当你坐在夜市摊中，准备对老板说一句"请给我再来一份沙爹"时，你还觉得自己的英语管用吗？

　　所以提前了解印尼语也很重要。印尼语是印度尼西亚的"普通话"，是这个国家的官方语言。虽然对大部分印度尼西亚人来说，印尼语只是他们的第二语言，但是"官话"的好处在于，也许你的导游听不懂巴厘岛的土话，但是他们一定听得懂印尼语。

　　其实，印尼语也曾是一种方言，它之所以发展成印度尼西亚的官方语言，是因为它在短短几十年中增加了数万个新词汇。这些词汇大多是外来词，因而有人曾嘲笑"印尼语除Batik（蜡染）、Durian（榴莲）、Padi（稻谷）、Bambu（竹子）这4个词是自己的以外，其余的全是'借'来的"。

　　虽然这句话有点夸张，但是如果你学习了印尼语时，便会发现，印尼语的字母与英语完全一致，语法规则也与英语差不多。比如：在印尼语中，表达歌曲的单词是lagu，这很容易让人联想到在英语中用来表达歌曲的单词：language。

　　而且在印尼语中，还有与英语完全一致的单词，如表达"宾馆"的单词"hotel"，表达"洗手间"的单词"Toilet"，等等。

　　当然，这并不意味着学习过英语的你，可以轻松地掌握印尼语，因为除了国外的各种语言，印尼语还吸取了国内其他民族的语言，有一定的地域特色。不过需要承认的是，相比其他语言，印尼语要简单易学得多。

　　因此，在出发去印度尼西亚之前，你不妨学习一些简单的印尼语。虽然不见得能让你变成一个地道的"印度尼西亚人"，但是至少能骗过市场中的小贩，让他在给你结账时不敢短斤少两。

常用印尼语

你好：halo；谢谢：terima kasih；对不起：maafkan；

多少钱：berapa；请结账：tolong tagihannya；

可以打折吗：bisa beri saya diskon；在哪儿：di mana；

哪里有最近的：di mana…yang terdekat；

我在找……：saya sedang mencari…

印度尼西亚人的主要语言——爪哇语

虽然印尼语是印度尼西亚的官方语言，但是它并不是印度尼西亚人的"母语"。印度尼西亚有约 300 种民族语言和方言，如东爪哇方言、巴厘岛土语等。虽然在与外商交流时，他们使用的是印尼语，但是在生活中，他们都会使用民族语言或方言。

在这些民族语言和方言中，爪哇语是使用人数最多的语言。因为它是印度尼西亚人数最多的民族——爪哇族的语言。

爪哇族约占印度尼西亚人口数量的 47%，分布在印度尼西亚爪哇岛的中、东部，以及印度尼西亚西部沿海地区，约有 1 亿人。

因此，当你来到印度尼西亚，发现当地人都在说一种与印尼语差异很大的语言时，请不要惶恐，你并没有坐错飞机，他们都是印度尼西亚人，只不过说的都是爪哇语。

相比印尼语，爪哇语可能没那么好懂，它深受梵语的影响，大约有 10% 的词汇都是来源于梵语。虽然它有些难懂，但是当地人依旧十分喜欢它，因为这门语言很早就开始陪伴他们了。公元 9 世纪时，爪哇人以梵语为基础，创造了古爪哇文。直到荷兰殖民者占领印度尼西亚后，爪哇人才改用拉丁字母。

仅是学习爪哇语，你就能了解爪哇族的文化。爪哇语中有雅语、中等语和平语之分，而雅语又分为好几种。

可见，爪哇人十分重视长幼尊卑。在他们的文化中，和什么样的人说什么样的话，都是有门道的。在他们看来，不同等级的人之间的用语有很大的差别，不需要查验你的身份证，仅是看你和他人的交谈，就能看出你在社会或家庭中的地位。

印度尼西亚人的社交礼仪

想与印度尼西亚人交朋友并不困难，因为他们都是极为友善的人，即使你说错了话，他们也不会直接指出你的错误，而是会委婉地告诉你。他们就像是一杯茶，入口时平淡，过后却能感受到回甘。

不过，虽说与他们友好地交谈很容易，但要想听到他们的心里话却很难。和大多数内敛的亚洲人一样，印度尼西亚人也只会在老友面前吐露自己的心事。对于一般交情的朋友，他们虽然也和和气气的，但是也只是表面的交情。

有些人会如此抱怨："在雅加达时，我们的关系还不错，为什么等我回国后，他就与我渐渐疏远了？"若是出现这种情况后，你应该想一想自己是否掌握了当地的礼仪，也许就是因为一些小细节，让印度尼西亚人将你剔除出了"好朋友"之列。

你会打招呼吗？或许这个问题有点傻。实际上，和印度尼西亚人打招呼有很多门道。印度尼西亚有很多穆斯林，他们一般用阿拉伯语问候对方，并且双手合十至前额表示对对方的祝福。当然，这并不是要求你也和他们一样，而是你要明白他们动作的含义，你若不知道如何应对，就报以微笑。

打招呼时你要表现出自己的善意，但也不能过于热情。比如，在看到女性穆斯林时，你可不要主动伸手要求握手。因为在他们看来，这是很不礼貌的行为。

和他们交流时别忘了"谢谢""麻烦您"等敬语，如果你会讲印尼语的话，别忘了加上"Park"（有"您""先生"之意）。印度尼西亚人的长幼尊卑的观念较强，即使对方只比你大一岁，你也不能忘了这关键的"Park"，更不能自作主张称其为"兄弟""哥们儿"，否则他们会认为你在故意侮辱他。

如果印度尼西亚人邀请你去他们家做客，那就要恭喜你：你已经成为他们的朋友了。不过你可别骄傲，去他们家做客也有很多学问。

他们有用槟榔招呼客人的习惯，若他们递上槟榔盒，你最好尝尝，即使只是轻轻地抿一口也可以，因为这是他们对你的祝福。在他们家，你若看到长相可爱的孩子，切忌用手摸孩子的头顶。因为在他们看来，头顶是神圣的，不容触犯。

印度尼西亚人的规矩真多！或许你会生出这样的感触。实际上，你若做错了，他们也不会苛责你，所谓不知者不罪。只要你不一而再、再而三地触犯他们的禁忌，你还是能成为他们的朋友的。

那些容易被你忽视的忌讳

在大多数时候，印度尼西亚人都是亲切友好的，但是有时候，你也能看到他们生气的样子——就像一头绵羊突然变成了狮子，并不是他们喜欢"变脸"，而是你触犯了他们的禁忌。

印度尼西亚的人口约有 2.6 亿，其中有约 87% 都是穆斯林。因此，在与印度尼西亚人交往时，你要小心别触犯了伊斯兰教的禁忌。比如，在和他们吃饭的时候，你不要随随便便地敬酒，因为穆斯林一般不喝酒。当然，当你知道对方不是穆斯林且也很喜欢喝酒后，就不用顾忌这些了，教他玩"五魁首，六六六"都没问题。

那些去过印度尼西亚的人可能会遇到这样的状况：走累了，想在路口拦一辆出租车，可是一辆辆空车从你面前驶过，却都不停下来。有时候，出租车司机还会狠狠地瞪你一眼。而你朋友走到路口，将手随便一伸，出租车就停了下来。

为什么会发生这样的情况？大概是因为你伸出了自己的左手，而你的朋友伸的是右手。在穆斯林看来，左手是不洁的，他们忌讳用左手给别人递东西，尤其是食物。

如果你用左手给他们打招呼或递东西，无异于向他们"宣战"。即使实在腾不出右手，不得不用左手递东西，你也要说声对不起，以示歉意。

你应该知道自己为什么会得到这样的待遇了吧。也许你还要感谢自己足够幸运。毕竟在看到你伸出的左手后，他们只是瞪了你一眼，而没有下车和你"开战"。

让人印象深刻的饮食习惯

说起印度尼西亚人的饮食习惯，大概最让人印象深刻的就是他们用手抓饭的习惯。除了在一些非常正式的场合，他们不得不使用刀、叉或筷子之外，在日常生活中，他们都会用手抓饭。

因此，走在印度尼西亚街头，你常常会看到这样一幅情景：阳光洒在餐馆别致的牌匾上，透过玻璃，你看到一个长相精致的女孩正在用右手抓饭吃。

其实这样的情景在印度尼西亚并不少见，甚至已经成为这个国家的代表文化之一。也有不少游人被这样的情景打动，去手抓饭餐厅感受当地特有文化。

　　不过这种看似简单的吃法实际上并不好模仿，米饭总是会从游人的手中偷跑出来，一顿饭吃完后，米饭取得了"胜利"——桌上、椅子上甚至游客的嘴唇边都是米饭的"领地"。而作为"战俘"的游客看上去狼狈不堪。

　　除了用手抓饭，你还会发现印度尼西亚人很少在餐桌上喝酒。事实上，在这个国家，你很少能看见酒，因为《古兰经》中要求信众不能喝酒。因此，在这个国家旅行时，你或许会看到这样一幅画面：几个健壮的男子在一起吃饭，他们不时会说些豪言壮语，颇有些"煮酒论英雄"的意味。

　　这一幕本也正常，但是当你仔细一看，你便能感受这幅画面中的喜剧意味。因为他们的手边不是酒，而是果汁。散发着甜香的葡萄汁，为这几位看上去有些严肃的男子增添了一丝童趣。

印度尼西亚的春节
——开斋节

每当到伊斯兰教历九月末，印度尼西亚都会迎来返乡潮。人们挤在火车站中，提着大包小包，排队准备上车。那些没买到理想车次的游客，只得先在车站的长椅上小睡，等到半夜才能上车。

有些人选择骑摩托车回家。一家三口挤在一辆摩托车上，父母给孩子穿上了一件外套，以免孩子受冻。虽然在途中孩子无须担心任何事，只需要趴在母亲背上睡觉，可是在抵达故乡时，孩子依旧一脸倦意，衣服上也沾满了灰尘，让人怜惜。

也有人选择乘船回家，但是他们很难买到直达的船票，只能在大港口中转。这些港口很美，巨大的椰子树摇动着它的枝叶，海鸥在港口上盘旋。然而人们却没有心思欣赏这样的美景，他们站在队伍中打哈欠，只想早点登船，早点到家。

这些情景，是不是很像中国春运时的情景？其实，印度尼西亚人之所以急着回家，是因为他们要赶回家过开斋节。

开斋节是印度尼西亚最盛大的节日。这是属于穆斯林的节日，《古兰经》要求信众在九月斋戒，即每天从日出到日落都不能吃东西。

九月结束后的第一天就是开斋节，穆斯林选择在这一天庆祝完成斋戒。在印度尼西亚约2.6亿的人口中，有约87%都是穆斯林，所以开斋节也就成了印度尼西亚的"春节"。

在这一天，穆斯林不仅会去清真寺礼拜、祈祷，还会去墓地扫墓，祭奠先人。扫墓之后，人们走亲访友，与亲人一起欢度佳节。

人们围坐在一起，一边吃黄姜饭，一边分享这一年的喜怒哀乐。孩子坐不住，早就和小伙伴一起出去玩耍了。虽然开斋节不像中国的春节一样可以燃放烟花，但是人们会点亮煤油灯，放在房屋周围，远远看去像一片星空。孩子在灯海中穿梭，回乡的辛苦早已被他忘得一干二净。

第七章

留住回忆，寻找印尼特产

　　你若想要购买印度尼西亚特产，其实无须寻找特产店，只要在雅加达附近的乡村转一圈就可以了。

　　漫步于乡村，你会看到可爱的红毛丹、长相凶恶的蛇皮果、硕大的木瓜……这些热带水果就长在路边，散发着诱人的香味。

　　你也能发现哇扬戏剧场，虽然有些简陋，但表演很精彩；要是足够幸运，你还能遇到木雕师傅，得到一个便宜但精致的佛头木雕呢。

越来越温柔的"愣头儿青"
——鳄梨

对不少游客来说，印度尼西亚鳄梨汁是不能被遗忘的。

在雅加达，随意走进一家餐厅，都会看到这种果汁。鳄梨汁基本成为雅加达点餐的标配。如果选择套餐，若非有特别的要求，服务员都会为你端上这种果汁。

这种果汁在国内并不常见，你或许会带着一丝担忧尝一口。不过，大概只需要过几秒，你就会彻底爱上这种果汁。其如奶油般绵软的口感、青草般的气味，一下就抓住了你的胃。

鳄梨真是美味。这次体验之后，人们或许会产生这样的印象。于是当在印度尼西亚超市中看见青色的鳄梨时，便迫不及待地买了一个。

只是当回到酒店，准备细细品味时，却发现事情没有那么简单。为什么这个鳄梨硬得像木头一样？它像不投降的勇士一样，准备誓死保护自己的尊严。等好不容易将它切开，却发现它的"骨头"也很硬——果肉也难以下嘴。

　　如果你本着"看上去很硬，实际上很好吃"的想法，狠狠地咬一口，你就会发现，它的确算木头的近亲，因为其口感也与木头差不多。

　　买到假货了吗？你也许会有点生气。其实你没看走眼，超市也没有以次充好，只是你买的是半熟的鳄梨。在没有"成年"之前，鳄梨就是一个"愣头儿青"，不管是顺眼的，还是不顺眼的，它都要和对方"斗一斗"。

　　只有在成熟后，它才会变成一个迷人的、散发着甜香的美人。因此，如果你买回了一个"愣头儿青"，不如先让它在冰箱里待两天，适应一下，等它的外皮变黑，内心变温柔，再将它拿出来。那时无论是榨汁，还是拌饭，你都能享受到无上美味。

家喻户晓的大众水果
——红毛丹

红毛丹这种长着毛的红色果子，是印度尼西亚家喻户晓的大众水果。来到印度尼西亚农村，你会发现几乎家家户户都有红毛丹树，只不过有的民居前满是红毛丹树，有的红毛丹树旁边是榴莲树、鸡笼树，这大概要看主人对红毛丹的热爱程度。

不过，无论当家人喜不喜欢红毛丹，这种酸甜可口的水果一直都是孩子们的最爱。每到红毛丹成熟的季节，孩子们便闹开了，想方设法地让长辈为自己摘红毛丹。

孩子们都很聪明，他们从不去央求严肃的父亲，而是去向在树下乘凉的爷爷撒娇。结果当然是如他们所愿，他们总能吃到最可口的红毛丹——毕竟是爷爷亲手摘的。

有的孩子很有个性，虽然向长辈卖个笑脸就能实现自己的愿望，不过他们更喜欢"自己动手，丰衣足食"。年纪大一点的，就爬到树上去摘。一边欣赏树上的风景，一边品味带有荔枝风味的红毛丹，真是再美好不过的事情了。

年纪小的就拿着长长的木杆将红毛丹打下来。这种方法有一定的风险，因为这样"满天撒网"式地摘红毛丹，难免会遇到个头小、不够甜的果实。不过孩子并不在意，因为自己打下来的红毛丹，自然鲜美可口。

　　当然，这些调皮的孩子也不是永远都能如愿以偿。在大多数时候，他们都会被家长抓个正着，吃不到红毛丹不说，还得挨家长的一顿揍。即使如此，在红毛丹树下玩耍，和小伙伴一起摘红毛丹的场景，还是留在了他们的记忆中，成了童年的代表。

　　游客或许无法理解当地人对红毛丹的感情，不过他们也爱上了红毛丹，因为红毛丹的味道足够美味。

　　红毛丹甜中带酸，那些不喜欢过甜食物的食客特别喜欢它这一点。"吃点红毛丹吧，解腻！"那些向游客推荐红毛丹的人如是说。它的果肉厚实，那些喜欢"大口吃水果"的人，都会给它一个"能够塞牙缝"的评价。它还自带一股香气，这大概是为了弥补它那有点吓人的外表。路过红毛丹摊时，游客常常会被它的香气吸引住。

　　更重要的是，这种在国内价格昂贵的热带水果，在印度尼西亚却再便宜不过。花 20 000 印度尼西亚盾（约人民币 10 元），你就能买上一大袋，而且都是刚刚从树上摘下来的红毛丹。如果不嫌麻烦的话，还可以进果园自己亲自摘一袋。

湮没在人群中的『灰姑娘』——蛇皮果

走在印度尼西亚的果园中，你或许会被散发着甜香的红毛丹吸引，或许会喜欢上即将"瓜熟蒂落"的榴莲，或许会为可爱的山竹停留……这里有太多美味的水果了，甚至有人说，如果让他住在这儿，每天以吃水果为生，他也不会感到厌倦。

只不过，就算你是"热带水果爱好者"，也很容易错过一种水果——蛇皮果。

就外观来说，蛇皮果并不起眼。它的外皮是棕色的，个头不大，尤其在巨大落叶的映衬下更显渺小。

它就像一个灰头土脸的姑娘，容易被湮没在人群中。更别说它附近还有各具风情的美人，比如让人又爱又恨的榴莲、有着甜蜜外表的山竹、形体庞大的木瓜……虽说"酒香不怕巷子深"，但是要是让蛇皮果参加"果园选美"的话，它可能会在第一轮就被淘汰。

　　有时候，它还会故意"吓唬"那些误入果园的人。蛇皮果，顾名思义，其外皮有点像蛇皮，虽然它的模仿能力并没有达到出神入化的地步，但是也足以让那些粗心的人心头一惊。

　　虽然它长得并不讨喜，但是还是有人愿意做它的"伯乐"。有人将其从树上摘下来，除去它外壳上的毛刺，剥开像蛇皮一样的外壳，咬一口像蒜头一样的白色果肉，便发现了蛇皮果隐藏在可怕外表下的清香脆爽。

　　于是，这种满脸写着"我很凶"的水果也进入了水果市场。不过在大多数时候，它们都是被当地人独享的美味，因为游客并不敢轻易尝试这种陌生的水果。

　　你若足够聪明的话，就要丢掉对蛇皮果的偏见，尝一口饱满的白色果肉，品味那种甜中带酸、爽脆清甜的滋味。

闲聊时必不可少的水果
——山竹

作为"水果皇后"，山竹一直备受印度尼西亚人的喜爱。尤其是在夏天这个容易上火的季节，吃几个山竹，清热解毒、缓解燥热，是再好不过的事情。

印度尼西亚人极爱山竹。在雅加达市场中，你总能看到这种红色水果的影子。无论当地人来市场里买什么，都要捎上一两袋山竹。他们一边拖着买菜的小车，一边优哉游哉地剥山竹吃。

坐在房门口闲聊时，他们也总要拿上一袋山竹。在当地人眼中，山竹是瓜子一般的存在。再有趣的话题，要是没了山竹，都无法继续聊下去。不知不觉中一大袋山竹都被他们吃完了，手指都被染红了，他们却还是一副意犹未尽的模样，甚至准备再去屋子里拿山竹呢。

身材健硕的异域美人
——青木瓜

青木瓜大概是印度尼西亚最常见的水果了。

走在雅加达的街头，你常常能看见挑着担子贩卖青木瓜的小贩。他们在人群中穿行，走到人流量大的路口就停下来，将竹筐上的白布掀起来，一个个散发着清香的青木瓜就露了出来。小贩几乎不用吆喝，一闻到青木瓜的香味，人们就会围上去。

来到印度尼西亚乡村，你也能看见青木瓜树。它就被种在路边，到成熟的季节，一个个青木瓜挂在树上，这让它有点像椰子树。

路过这些青木瓜树时，你也会忍不住停下来，向村民询问青木瓜的价格。村民很豪爽，他将青木瓜摘下来剥开，让你尝一尝之后再决定买不买。就算这是村民的推销手段，你也不会生出戒心，因为一个青木瓜不会花掉你太多钱，更何况这个青木瓜的确足够美味。

如果这是你第一次来印度尼西亚，你或许会怀疑手中的青木瓜是否正常，因为它实在太大了。虽然它还比不上西瓜，但是其体型已经超越了常见的木瓜。那个我们生活中的小可爱，到了印度尼西亚，却变成了身材高挑，甚至有点健硕的异域美人，让人惊叹。

当地人虽然早已习惯青木瓜的体型，但是还是会为游客考虑。除了街头出现的新鲜青木瓜，这种美味的热带水果最常出现在水果沙拉中。当地人用椰子粉代替沙拉酱，将青木瓜和火龙果、鳄梨搅拌在一起。在烈日下吃上一口，你便能感受到最清新的滋味。

让当地人又爱又恨的胡椒

若是了解过印度尼西亚的历史，你便会发现印度尼西亚人对胡椒的感情十分复杂。

胡椒最初出现在印度，后来"流浪"到了印度尼西亚，从此在这个"千岛之国"安家。对于这种有趣的香料，当地人并没有将其当一回事，最多称赞一下它奇妙的味道。不过，没过多久，印度尼西亚人就发现，在别的国家这种看似平凡无奇的香料十分贵重。

欧洲人极爱胡椒。那时，欧洲的上流社会将胡椒当成必不可少的香料。而欧洲不产胡椒，只能从东南亚进口。

于是，当这种普通的香料渡过重洋，从多名商人手中辗转来到欧洲时，它的身价自然翻了不止一倍。有文献记载，在当时的欧洲，胡椒与黄金等值。若你没带金币出门，也可以用胡椒付账。

当然，喜欢胡椒的不止是欧洲贵族。就在印度尼西亚东边，中国人也十分喜欢胡椒。在中国，胡椒不仅仅是一种香料，它还成了奇妙的配料，据说当时的川菜大厨特别喜欢胡椒这种神奇的药材。它甚至成了道士的养生秘诀——北宋的道士深信口服胡椒可以延年益寿。

中国也生产胡椒，只不过产量远远跟不上需求量，人们便将目光投向了盛产胡椒的东南亚地区。

于是，胡椒便成了印度尼西亚的主要出口商品。

那时，印度尼西亚人穿梭在与人等高的丛林中，顶着烈日，忍受着酷暑去采集胡椒。他们的付出是值得的，因为即便他们提出用等值的黄金来交换胡椒，欧洲商人也会同意。他们也会用胡椒和中国商人交换丝绸和瓷器，用这些古老文化的结晶丰富自己的生活。

看上去，似乎每个人都得到了自己想要的东西。直到欧洲的殖民者厌倦了这种交易方式，他们认为在舰艇和大炮威胁下的交易更划算。

　　荷兰殖民者占领了这个国家。雅加达这个曾因出口胡椒而闻名世界的港口城市，成了荷兰殖民者的所有物。港口中的商船上依旧载满了胡椒，这些胡椒还是印度尼西亚人辛苦采集所得。只不过殖民者再也不用付出等值的黄金，他们只需挥动自己的长刀，让当地人为自己卖命。

　　这样看来，胡椒未免有祸水之嫌，它那诱人的香味引来了侵略者。不知道当时的印度尼西亚人在丛林中采集胡椒时，会不会痛恨这种曾经给他们带来财富的香料？

　　其实红颜从未误国，侵略者需要的只是一个理由罢了。这个理由可以是胡椒，可以是肉桂，也可以是路边的一棵红毛丹树。侵略者想做的只不过是靠掠夺他人来满足自己的私欲。

　　如今在印度尼西亚，荷兰殖民者早已消失。世事更迭，不变的只有胡椒的香味。

养育了印度尼西亚人的西米

西米，这种食物可能并不常出现在人们的视野中。诚然，我们也曾看见过它——奶茶中的西米露就是以西米为原材料做的。然而，当我们想要在超市中找寻它的踪影时，却发现它好像没有拿到"暂住证"，超市工作人员都表示没听过它的名字。

当然，也不是无法在国内找到这种食物。在街边的小铺子或网上的店铺里，或许能发现西米。不过，人们无法保证自己买到的是地道的西米，总让人怀疑它混合了其他的淀粉物质，比如木薯粉。

于是，当人们来到印度尼西亚，看到当地超市中到处都是地道的西米时，自然喜不自胜。

所谓西米，就是将棕榈树类的核或软核加工制成的可食用淀粉。因其有温和健脾的功效，所以颇受人们的喜爱。

　　印度尼西亚是西米的"老家"。在印度尼西亚婆罗洲塞兰岛中，出产西米的西米棕榈可是当之无愧的"霸主"。这些棕榈树生产的西米曾养育了一代又一代印度尼西亚人。

　　古时，人们将其作为主要食物。西米羹可以治疗消化不良，一直是女士的挚爱。至于用其粗粉做成的糕饼和布丁，则是人们最喜欢的点心。

　　后来荷兰殖民者发现了它，将其运送到欧洲，西米又变成了酱汁增稠剂。如今西米又成了饮品中的"常客"。试想，奶茶中怎么能没有西米露呢？

独具东南亚风情的黄姜

与 生姜不同，黄姜没有辣味，所以印度尼西亚人经常用它来做菜。在所有与黄姜有关的菜肴中，黄姜饭最出名，基本上去印度尼西亚旅游的人都要尝一尝。有人特意在行李中塞了几个黄姜，就是为了回国后能品尝出相同的美味。

不仅仅是游客，当地人也很喜爱黄姜饭。孩子生日的时候，妈妈总是要煮上一大锅黄姜饭，表示对孩子的祝福。当然，虽然妈妈的本意是祝福，但孩子迫不及待地吃黄姜饭却不是为了接受祝福，而是为了享受美味。

在重要节庆时，印度尼西亚人也一定会蒸煮黄姜饭。人们将其做成宝塔形状，向神灵表示自己的诚心，并祈愿好运来临。

　　黄姜的作用还不止于此，在独具东南亚风味的咖喱中就有黄姜的身影。

　　咖喱并不是某一种香料，人们将众多香料放在一起煮，才变成了浓香四溢的咖喱。在这么多香料中，黄姜是不能缺少的那一种。因为咖喱之所以是黄色的，是因为黄姜有一种天然的黄色，可以给菜肴上色。若你发现自家的咖喱不是黄色，就要去案板上找一找，是不是忘记放黄姜。

　　印度尼西亚人很喜欢黄姜，无论是熬汤还是炒菜，他们都要放点黄姜。为了保证随时都有，印度尼西亚人干脆在自家的院子里种上这种植物。别看和高大的红毛丹树、青木瓜树相比，黄姜有点渺小，但是这个小家伙有大作用。要是没有它，印尼菜也不会拥有这么独特的风情。

具有亲和力的长寿果
——白果

来到印度尼西亚市场，你可能会发现一种白色的小果子，它看上去有点像开心果，口感则有点像烤玉米粒，小贩则将其称为"长寿果"。

你不要以为自己发现了一个从没见过的果子，事实上小贩口中的"长寿果"就是白果。

白果学名银杏，是银杏科落叶乔木银杏的干燥成熟种子。它的药用价值很高，所以得到了"长寿果""圣果"的别称。

如果将白果比喻成人的话，应该是神秘的长者，他经常抚摸自己长长的白色胡须，笑眯眯的，什么也不说。或许他还有神力，随便摸一摸人的头顶，就能让那个人延年益寿。

然而，如果在雅加达待上几天，你就会改变自己的想法。在这个城市中，白果并不神秘，它更像人们日日可见的伙伴。将洗净的白果放在锅子里翻炒，不一会儿，带有一丝焦香的炒白果就出锅了。一边和朋友聊天，一边吃炒白果，没有比这更惬意的事情了。

古老的香料和烹饪调料
——肉桂

肉桂，又称香桂、官桂等，是一种古老的香料和烹饪调料。

据记载，中国人早在 2000 多年前就开始使用这种药材。那时，人们用肉桂来给酒增加口味。后来肉桂传入欧洲，当时的欧洲人将其当做香料，并且用它制作香水。而当肉桂传入古埃及后，它又拥有了新的身份——尸体防腐剂。

肉桂的野心比较大，即使拥有这么多身份，它依旧不满意。直到人们将其作为烹饪调料，在白汁烩的家禽菜肴、甜品中使用它，它才像找到自己的真爱一样，安定下来。

　　虽然在 2000 多年前，肉桂就已经为人所知，但是这么多年来，它脸上那层神秘的面纱一直都没有被取下来。在它被传入欧洲，被当做催情剂及甜品的调味品后，欧洲人依旧不知道要如何获取这种散发着东方情调的香料。

　　在当时的欧洲，肉桂是身份的象征，只有贵族才能使用这种独特的香料。历史学家老普林尼在《博物志》中写道："在这里，肉桂的价值是白银的 15 倍。"

　　那时锡兰肉桂最负盛名。这种产自斯里兰卡的高品质肉桂是欧洲人的心中挚爱。然而锡兰肉桂虽好，却过于昂贵。那些无法负担昂贵价格的人们，开始寻找物美价廉的肉桂。这时，印度尼西亚的肉桂就应景地出现在他们面前。

　　印度尼西亚的肉桂呈深黄色，回口有淡淡的甜味，用在甜品和饮料中，可以让菜肴的滋味变得丰富，且价格便宜，自然而然成了肉桂爱好者的新宠。因此，当你来到雅加达市场中，看到游客在大批量购买这种平凡无奇的香料时，请不要感到惊讶，那是他们在"扫货"呢。

最忠实的守护者
——格里斯剑

来到印度尼西亚，怎么能不欣赏一下与大马士革刀、日本刀齐名的世界三大名刀之一的格里斯剑呢？

格里斯剑即马来刀，在马来西亚称为马来短剑，是东南亚各民族使用的一种独特的短剑。这是一种造型奇特的短剑，剑刃是波浪形的，剑柄弯曲——这样能加强砍刺敌人时剑刃的压力。若是不看它闪闪发亮的刀锋，你可能会将其当做一个乐器。

就其外形来说，它十分具有艺术性，如果将它摆在博物馆中，人们可能不会将其当做一把利刃，而会以为它是出自名家之手的艺术品。

然而，它虽然长得艺术，却不是一个"文艺青年"。相反，它是一把既能保护人，也能伤害人的利刃。因为它的剑刃是波浪形的，所以难以控制，如果剑术不精，剑士很容易在使用时刺伤自己。

它像一匹野马，只愿意被剑术最精湛的剑士驾驭。而一旦剑士弄清楚了它的脾气，它又变成了最忠实的守护者，保护主人的安全。

陪伴印度尼西亚人一生的巴迪布

巴迪布是印度尼西亚的一种蜡染印花布。作为印度尼西亚古老的手工印染工艺，巴迪布蜡染已经有 800 多年的历史。而在漫长而悠久的历史中，巴迪布不仅成了印度尼西亚的代表文化之一，还走进了印度尼西亚人的俗世生活。

在还没有出世前，印度尼西亚人就拥有了属于自己的巴迪布。父母会请人为未出世的孩子制作巴迪布，布上的图案大多具有祝福的意味，如一只仙鹤叼着婴儿，其中包含了父母对孩子最真挚的祝福。

长大后，巴迪布一直伴随着他们。由巴迪布制成的印度尼西亚国服——长袖男衬衣和女士纱笼，从不缺席于重大的节庆。若是你在开斋日看到没有穿巴迪布的人，不用怀疑，他们一定是游客。

　　印度尼西亚民间有这样一句话："喜庆时刻若没有巴迪布，就不算完美。"于是结婚时他们换上巴迪布做成的衣服。这时衣服上的图案大多是祝福他们婚姻美满、早生贵子的。

　　等女孩怀孕了，在庆祝仪式上，他们又会换上巴迪布的衣服，不过这时的图案又发生了改变，变成了祝福女孩肚子里的孩子的图案。

　　等印度尼西亚人走完这一生，亲人也会为他换上巴迪布。这时巴迪布上的图案变得朴素，有的甚至没有图案，只有一片素色的花纹。这大概是因为在他们的一生中，发生了太多的故事，不是一个或几个图案能表达清楚的，不如回归本源，让一切尽在不言中。

与当地人生活息息相关的木雕

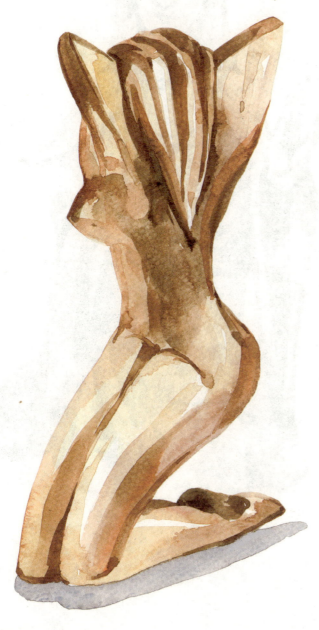

作为一种传统手工艺品，印度尼西亚木雕与当地人生活息息相关。

在印度尼西亚木雕上，人们看到最多的就是神话人物。这并不是雕刻者脱离了现实，反之，这些木雕反映了当地人的生活。

印度尼西亚是一个多宗教国家，几乎人人都有信仰。清晨洗漱完，人们要做的第一件事情就是向自己的神灵祈祷，以祈求这一天万事顺意。

出门后，人们也没有远离自己的神灵。印度尼西亚到处都是庙宇，往前走几步就是一座崭新的清真寺，转个弯便是一座宏伟的教堂。吃过午饭后，人们可以去这些庙宇中，向神灵诉说自己的愿望。

晚上，结束了一天的工作，人们卸下伪装，来到神灵的塑像前，诉说自己一天的辛劳。在跪拜之间，一天的烦忧也渐渐消失。

这样看来，这些有关神灵的木雕，难道没有真切地反映了印度尼西亚人的俗世生活？

除了有关神灵的木雕，印度尼西亚的动物木雕也很出名：鹦鹉木雕张大着嘴巴，准备对人说"你好"；鸭子木雕看上去呆呆的，并不是雕刻者的技术不够精湛，而是在现实生活中本就很难看到灵巧的鸭子。

虽然相比有关神灵的木雕，动物木雕好像少了一丝圣洁感，但是雕刻者创造这些木雕时的心情应该是一致的，都是怀着对俗世生活的无限热爱，为了让无情物表达出有情味。

繁复花纹中的印尼风情
——银制品

其实，在最开始，银器并不受印度尼西亚人的欢迎。古时，黄金制品的地位要远远高于银器。这是因为在当地人看来，唯有黄金制品才能显示出自己的地位和身份。无论是送礼还是祭奠先祖，印度尼西亚人都偏好于选择黄金制品。

当然，银器也不是没有任何市场，印度尼西亚皇族就很喜欢银器。那时，皇宫里的筷子、盘子、水壶，甚至痰盂都是银制品。不过因为仅供皇族使用，所以银制品的制作工艺一直没有得到大范围的推广。

直到荷兰殖民者入侵，这一状态才发生改变。殖民者因为想念家乡的银制品，所以大力发展印度尼西亚的银制品工业。虽然这些银制品大多供荷兰殖民者使用，但是工匠们也保留了不少当地的特色，可以从繁复的花纹上感受浓浓的印尼风情。

荷兰殖民者早已离开这个国家，但银制品工业却发展了起来。如今人们来到雅加达，总要买上一个银盘子或是一对银质耳环。

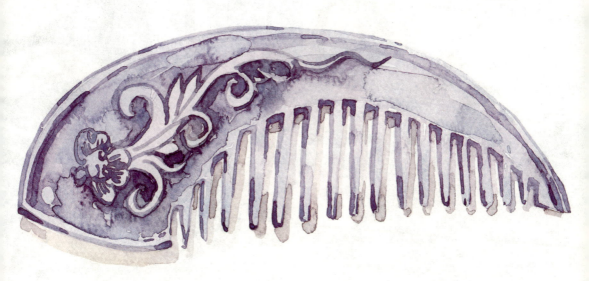

一张牛皮道尽喜怒哀乐
——哇扬戏人偶

"   张牛皮道尽喜怒哀乐，半边人脸收尽忠奸贤恶。"这便是哇扬皮影戏。

早在公元 10 世纪，印度尼西亚就出现了哇扬戏。那时，这种精巧的艺术独属于宫廷。皇帝命令匠人根据寺庙的壁画将先人的模样画在椰叶上，遇到重大节日，就对着神龛上的椰叶祈祷，并命人在一旁演奏加美兰爪哇五音传统音乐。

到了后来，牛皮代替了椰叶，伴奏的不再是传统音乐，而哇扬戏也从宫廷流传至民间，成了深受印度尼西亚人喜爱的一种艺术。

无论是开斋日这样重要的节日，还是小型的家庭聚会，人们总不会忘记让哇扬戏上场。老人爱它那悠长的历史韵味，中年人爱隐藏其中的人生哲理，孩子则爱它一波三折的故事情节。

其实，单看精致的哇扬戏人偶，你就能感受到印度尼西亚人对这种艺术的喜爱。哇扬戏人偶制作起来十分费工夫，且每一步都要足够精细。

制皮是第一步。匠人先将一张毛皮浸泡在清水中数日，冲洗干净之后再将其绑在木框上，用刀刮去皮上的杂质。这一步看似简单，实则十分考验匠人的耐心，因为刮毛时下手要轻，且只能往同一个方向刮，直到毛皮变得光滑晶莹。

镂空雕刻是第二步。匠人先将准备好的图案誊到毛皮上，这些图案大多出自古人之手，即师傅画好后，由徒弟代代相传。然而画稿不易保存，能流传下来的极少，所以这些画稿也算是印度尼西亚的文化瑰宝。

镂空雕刻十分考验匠人的水平。匠人将蜡板放在透明的皮质下，画稿放在皮质上，用针刺出痕迹，剪出形状之后，再用刻刀雕刻。如何让眼睛炯炯有神？如何让头发丝细而不断？这都要看匠人的功力。

就算是同一个师傅的徒弟，也会得到不一样的作品：师弟制作的人偶呆呆笨笨、毫无生气，而师兄制作的人偶却栩栩如生。并不是师傅在传授技艺时藏了私，而是制作哇扬戏人偶是一件需要悟性和经验的事情。

　　技艺高超的匠人制作出来的人偶是有生命的，单看人偶的五官和身材，人们就能知道人偶的性格。比如：眼睛狭长、身材苗条、眼神柔和的人，一般是和蔼善良的正面角色；眼睛又大又圆、身材壮硕、眼神凶狠的人，则是粗鲁凶恶的反面角色。

　　第三步是染色。对哇扬戏人偶而言，肤色极为重要。即使不了解哇扬戏，你也可以通过人偶的肤色来分辨角色的性质。比如：拥有红色皮肤的人偶往往拥有暴躁的脾气，不易相处；拥有白色皮肤的人偶则天真烂漫，所以年轻贵族的脸往往是白色的。这与京剧中的脸谱含义恰恰相反，或许当曹操来到印度尼西亚后，还需要换上红色的脸谱呢。

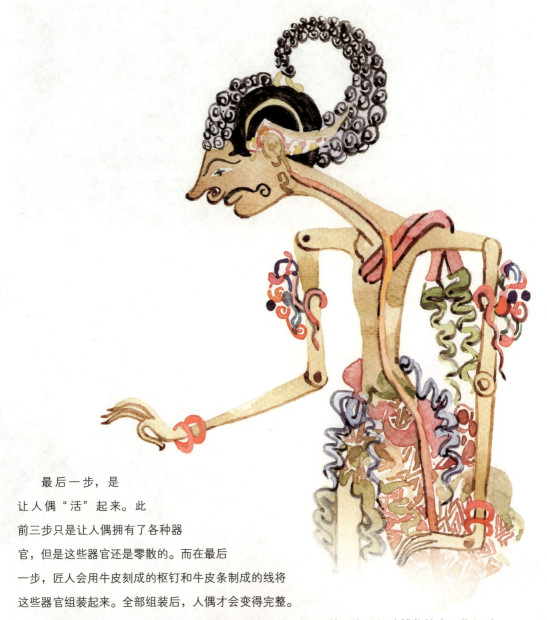

最后一步，是
让人偶"活"起来。此
前三步只是让人偶拥有了各种器
官，但是这些器官还是零散的。而在最后
一步，匠人会用牛皮刻成的枢钉和牛皮条制成的线将
这些器官组装起来。全部组装后，人偶才会变得完整。

在印度尼西亚，欣赏哇扬戏人偶是一件再简单不过的事情。在哇扬戏博物馆中，你能看
到各式各样的人偶。若是遇到重大的庆典，更能欣赏一场精彩的哇扬戏。

而当你在印度尼西亚乡村漫步，忙着吃手上的红毛丹时，或许能发现村民搭建的哇扬戏
剧院呢。虽然这些剧院的设施很简陋，但表演却是独一无二的。

第八章

寻味印尼，开启味觉大门

你永远都不知道应该如何描述这个国家的味道。

印度尼西亚人极爱用香料，无论是本应清淡的鸡汤，还是解暑的饮料，他们都要放点香料。

然而这些香料又都不是"直肠子"，它们有太多面了，比如：冲鼻的辣味、绵绵的甜味、若有若无的苦味……

总之，它们是不会让你感到无聊的。若你想真正了解它们，就要走进这个国家，和当地人一起感受这些菜肴的魅力。

用一碗米饭抚慰你的心
——印尼炒饭

不少人曾经在国内吃过印尼炒饭，可是总觉得差了一点味道。其实品味美食，除了食材、厨师，地点也很重要，尤其是品尝这种名称中就带有地名的菜肴。

正如北京烤鸭应当在北京吃，而且最好去大栅栏或者王府井吃，吃完之后可以去皇城根儿底下遛弯儿，才能完全体会北京烤鸭的皮酥肉香。

同理，吃印尼炒饭也要在印度尼西亚吃。在老城区中散步，欣赏颇为抽象的涂鸦，看街头艺人的表演，之后再走进一家具有欧式风情的餐馆中，也许这家餐馆就是由荷兰殖民时期的豪宅改建的，要一杯牛油果奶昔和一份印尼炒饭。

在餐厅淡黄色的灯光下，一边欣赏众生相，一边等待美食。即使还没有品尝到印尼炒饭，心情也早已因餐厅中的香味变得愉快。

等面前的牛油果奶昔快要见底时，印尼炒饭上场了。它若出现在宴席中，或许难以激起太大的水花。虽然它的配色很美，但是仔细一看，它也只是一盘再普通不过的炒饭而已。

然而，当你饥肠辘辘之时，这样一份冒着热气的炒饭，难道不比那些花样繁多的菜肴更让人难忘吗？香甜的米饭和鲜美的海鲜，不仅能安抚你的胃，还能抚慰你的心。

米粒的口感正好，不软不硬，虾肉却很有嚼劲，相得益彰。米饭旁边还有嫩嫩的蛋饼。难怪它是印度尼西亚人最喜爱的主食之一，谁能拒绝这样低调有内涵的美味呢？

被写进歌曲的花生酱生菜沙拉

你若回到 20 世纪四五十年代的雅加达，便能听到这样一首歌："先生，这是雅加达的花生酱生菜沙拉，一份只要 5 印度尼西亚盾。"

这首名为《花生酱生菜沙拉》的歌曲，曾流传于雅加达的大街小巷，那些推着推车穿行于雅加达的小贩们经常会哼唱这首歌。

在最初，这只是小贩为了吸引顾客而创造的旋律，是最普通的民间小调。后来洛尼拉克雷斯纳将其普及推广，年轻人都开始哼唱这首曲子，连印度尼西亚的广播电台中都出现了"买花生酱生菜沙拉的阿妮大姐"。

随着这首歌曲越来越受欢迎，花生酱生菜沙拉成了家喻户晓的小食。这是一种颇为普通的小食，小贩将各种各样的蔬菜，如空心菜、豆芽、佛手瓜等搅拌在一起，之后将浓郁香甜的花生酱淋在上面。

在雅加达，你无须费心寻找这种小食，因为无论是在饭馆中，还是街头的小推车上，都能看见这种开胃的美食。

最寻常的平民小吃

——炸豆饼

对印度尼西亚人来说，炸豆饼是最寻常不过的小吃。

在雅加达街头漫步时，经常能看到贩卖炸豆饼的小食摊。这种小食摊一般比较简陋，店面极小，有的隐藏在转角处，如果不够细心很可能会错过它。

摊主不算大厨，一个小炸锅、一个放塑料的盒子便是他所有的设备。而且这些小摊也不是"炸豆饼专营店"，其他能炸的，如香蕉、豆腐等，也是这些小食摊上的常见小吃。

即便如此，小食摊的生意也还不错。那些踩着自行车、骑着摩托车路过的人，总会停下来买上一小袋炸豆饼。若是熟客，老板还会附赠几根辣椒。

在雅加达街头，你经常能看到拿着炸豆饼的人。或许对当地人来说，炸豆饼的气味代表了最寻常不过的俗世生活吧。

"名不副实"的小食
——咸味泡菜

印度尼西亚天气炎热，若是能在闷热的午后吃一口泡菜，就再好不过了。不过，当服务员为你端上印度尼西亚著名小食——咸味泡菜之后，你或许会觉得自己受到了欺骗：这根本不是泡菜！

是的，印度尼西亚的咸味泡菜是由新鲜的蔬菜和水果制成的。之所以将其称为咸味泡菜，是因为当地人在腌制的过程中放入了醋和盐，让这种小吃有一股泡菜独有的酸辣味。

不过你也不要嫌弃这道菜肴"名不副实"，只要你能好好品尝一下，就能感受到它的魅力。咸味泡菜采用的是当地的新鲜水果和蔬菜，因此不需要厨师费太多的心思，这道菜肴就会散发出一种清新自然的气味。有时候，厨师会放一点凉薯进去，让泡菜的味道更加脆爽。

虽然没有吃到真正的泡菜，但是目的却达到了——吃一口咸味泡菜，暑气便渐渐消散。

风味独特的印度尼西亚姜糖

在雅加达的街头巷尾中，常常能看到姜糖这种美食。小贩们挑着担子在烈日下行走，在人流量大的路口停下来，解开竹筐中的白布，一块块晶莹的姜糖便出现在人们面前。

姜糖的长相淳朴，味道也中规中矩，但是每当小贩带着姜糖出现，总是能引起围观。无论是白发苍苍的老人，还是调皮的孩子，或是满脸好奇的游客，都要买上一两块。

老人喜欢它悠长的韵味。好像这块姜糖一下肚，他就能回到童年，看见为他制作姜糖的父亲；孩子喜欢它甜蜜的口感。虽然姜糖有一股辛辣的味道，但是等辛辣味过去，他就可以尽情地享受其中的甜美了。

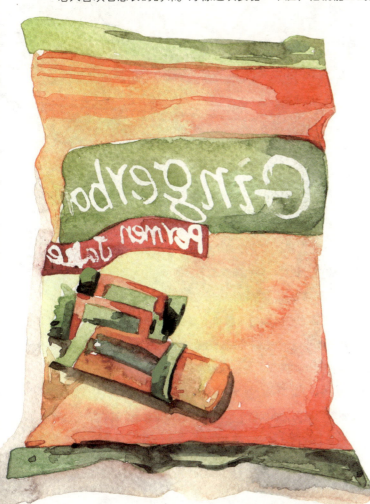

游客喜欢它独特的风味。姜糖和这个国家有点相似，你能感觉到它辛辣的一面——斑驳的房子、发臭的运河；但是过后你又能发现它甜美的一面——当地人无邪的笑脸。这样的姜糖怎么不叫人难忘呢？

美味——猫屎咖啡 挑食者制作的顶级

尖的嘴巴，深灰色的皮毛，这种在树林间穿梭的小动物，看上去那么的平凡。然而，在咖啡果农和咖啡爱好者的眼中，这种小动物简直是上天的使者。

这种小巧可爱的动物便是世界上最著名的"咖啡师"——麝香猫。

麝香猫之所以如此出名，大概是因为它挑食的习惯和不怎么理想的消化系统。它喜欢吃果子，却很有原则——宁愿饿死也不吃难吃的东西。成熟香甜、饱满多汁的咖啡果子是它的最爱，而它还是最狡猾的美食家，总能找出咖啡树上最美味的果子。

也许在最开始，它是咖啡果农的敌人，不过过了没多久，果农就发现这个"小偷"能创造奇迹。它的胃消化了咖啡果实外表的果肉，却保留了坚硬无比的咖啡原豆。而在消化过程中，咖啡豆中的蛋白质被破坏，这让咖啡豆的苦味减少了不少。

　　这种随着麝香猫粪便排出来的咖啡豆，竟能冲泡出全世界最独特的咖啡。果农在享受过这种"人间极品"后，便开始从"小偷"的粪便中"挖宝"。果农从麝香猫粪便中挑出没有被消化的咖啡豆，剥开其银灰色的薄膜，洗净后拿到太阳底下晒干，加以翻炒，便制成了大名鼎鼎的猫屎咖啡。

　　因为这种咖啡的制作者是麝香猫，而它们并不好合作，所以猫屎咖啡的产量极少且不稳定，一般一年不超过 500 磅（约 226 千克）。这导致了它价格昂贵，每磅的价格在 300 美元至 800 美元不等，而且年头越长的越贵。

　　不过当你来到印度尼西亚，还是有机会尝一尝这种咖啡的，虽然一小杯就要上百元。当地人会教你品尝这种咖啡的正确方法，他们不会使用咖啡机，只将咖啡豆磨成粉，然后用开水冲泡。或许不需要品尝，只要轻轻抿一口，你就能感受到其最原始独特的香味。

别具异域风情的鱼肉丸

雅加达临海，所以在这个城市中海鲜永远是餐桌上的主角。而这其中最受当地人欢迎的，大概要数鱼肉丸。

在雅加达的夜市中经常能看到鱼肉丸。虽然它和啤酒并不融洽，也没有消暑的功效，但是当地人还是很喜欢这种小食。

卖鱼肉丸的小食摊永远是人气最旺的，小食摊旁边的塑料板凳坐满了人，有的人只能站着，但这依旧打消不了人们的热情。

雅加达的鱼肉丸十分鲜美，因为原材料都很新鲜，有的鱼肉丸用的是当天打捞上来的鱼。其配料也别具风味，不像其他地区的鱼肉丸喜欢用加了葱的清汤调味，这里更喜欢用香料。喝一口浓郁的鱼汤，再咬一口新鲜的鱼肉丸，有谁能抗拒这种美味？

晶莹剔透的"果冻"
——增多冰

这是一道颇为别致的甜点，它的外表就很吸引人。它长得有点像果冻，晶莹剔透，若是仔细看，还能看见藏在里面的结晶呢。

但是它比果冻大很多，你别想一口吞下去。虽然它看上去软绵绵的，但是就算它是个柔软的"胖子"，恐怕还是会卡在你的食道中。虽然它长得很可爱，人们也很少将其当做饭后甜点或下午茶，因为它总能轻易填满人们的肚子。

有些人会把它当成"绿豆糕"，因为它是用绿豆粉做的，但是它吃起来并不像绿豆糕，当地人在制作时放入了椰子浆和爪哇糖，使其具有浓浓的印尼风情。

它有个特别的名字——增多冰，虽然这个名字有些不好记，但是建议你不要忘记。因为当你在雅加达街头邂逅它时，若叫不出它的名字，岂不是很失礼？

街头巷尾品美食
——烤麻糬

走在雅加达的大街小巷，常常能闻到烤麻糬的香味。这种鲜香四溢的小吃，当下午茶最好不过。

烤麻糬的店铺一般很小，或许不能将其称为店铺，因为大多是一个流动小食摊，而且摊主只有一个炭火架子。虽然设备简陋，但是烤麻糬的香味总能让游客停下脚步。

烤麻糬时，摊主显得有些漫不经心，他常常把麻糬放在一旁，转头和附近的小贩聊天。不过你也不用担心，烤麻糬可是他们的看家本领，就算不看那些麻糬，只闻气味，摊主就能知道是否需要翻面。

烤过的麻糬还保持着糯米和黄豆的清香，又增添了一丝焦香。轻轻咬一口，麻糬便在嘴中化开，甜味也在口腔里蔓延开来。

感受这座城市的海洋气息
——炸鱼

走在雅加达的大街小巷，常常能听到油锅嗞嗞作响的声音。雅加达人似乎很喜欢油炸这种烹饪方式，在他们眼中似乎没有食物是不能进炸锅的。

炸香蕉是最常见的，雅加达人会别出心裁地为这种小食配上一小勺冰淇淋；炸豆饼、炸豆腐则是最普通不过的平民小吃，那些步履匆匆的都市人经常会在路边买上一小袋，将其作为下午茶。

若是你向雅加达人询问当地特色食物，他们一定会推荐你尝试一下炸鱼。这是一种既能感受到雅加达的海洋气息，又能感受到浓郁印尼风情的食物。

雅加达人将刚刚捞上来的鱼处理干净，用各种香料腌上几个小时，然后将其放进油锅。出锅后的海鱼已经完全变了样，你无须担心它的鱼刺，因为它的每一根骨头都被炸酥了。你也不用怀疑它是否过于油腻，因为被香料腌过，所以此时它还透着一股香料的甜辣味，让人回味无穷。

品味印度尼西亚啤酒中蕴藏的风情

虽说大多数印度尼西亚人不喝酒，但是若是你仔细寻找的话，还是能找到贩卖啤酒的小店。有趣的是，印度尼西亚人虽然大多不喝酒，但是在制酒上却很有天分。那些去印度尼西亚旅游的人，在回国后，不仅仅忘不了嫩滑的巴东牛肉、香浓的猫屎咖啡，还对印度尼西亚啤酒赞许有加。

说到印度尼西亚啤酒，人们最熟悉的应该是一种叫"Bingtang"的啤酒。这种啤酒在中国不多见，但是在印度尼西亚却有着不可动摇的地位。

它常见于巴厘岛的小卖部中，几乎每个游客都要买上一瓶，成了这个蜚声国际的岛屿的代表。甚至有人说，没有喝过"Bingtang"，就不算到过巴厘岛。

从外形上来看，这种啤酒和其他啤酒并没有什么区别，而且相比其他"美貌"的啤酒，它更像一个质朴的农家少年。但是喜欢它的人却觉得，它的口感更加清冽，而那种啤酒独特的苦味让人回味无穷。

　　不爱喝酒的人也会买上一瓶，只不过他们买的不是原味的，而是柠檬味的。这时，啤酒的苦味便被柠檬的清香覆盖，喝起来酸酸甜甜，有点像饮料。然而它也没有抛弃啤酒独特的韵味，虽然没有了苦味，但是又不会太甜，喝起来十分清爽。

　　人们常常怀疑，游客是否将"Bingtang"啤酒神化了？因为有些人在国内的超市买了一瓶，却发现滋味寻常。

　　这大概与喝酒时的心情有关。试想，在沿着海岸散步，感受海风在身旁打转，看不远处的蓝绿色海水冲击礁石时，喝一口啤酒，好像将眼前的美景都喝进了自己的肚子里，怎么会不印象深刻呢？

被当成啤酒的生姜肉桂饮料

走进雅加达的餐厅，常常能看到一种淡红色的饮品。当地人也许会告诉你，它叫啤酒饮料。啤酒饮料？看着餐厅几乎人人都在喝这种饮料，你也许会感到疑惑：印度尼西亚人不是大多不喝酒吗？其实，虽然当地人将其称为"啤酒"，但是它并不含酒精。

这是一种由肉桂、苏木、丁香、生姜、香茅等香料混合而成的饮料，有一个较为朴素的名字：生姜肉桂饮料。只是因其喝起来的感觉像啤酒，所以当地人给了它一个更加时髦的别称：啤酒饮料。

虽然究其本质，它更像养生饮品——它可以缓解喉咙疼痛，但是你也可以和当地人一样，加上一些冰块，微微地摇晃杯子，像喝啤酒一样品尝它。

婚礼和祭祀时必不可少的糯米团

对印度尼西亚人来说，在婚礼和祭祀中糯米团是不能缺席的。

每到重要的节日，印度尼西亚人会起个大早，制作糯米团。他们将肉馅、姜汁、鸡蛋、盐打上劲，裹上前一晚就泡好的糯米，之后将一个个晶莹的小丸子放进蒸锅中。半个小时后，香气四溢的糯米团出锅了。

虽然家中的孩子早就守在了糯米团旁，但是父母丝毫不理睬孩子小猫般湿漉漉的眼神，转身将糯米团放在祖先牌位前。在他们看来，有好吃的应该先孝敬先祖。

孩子也抗议过，但是每次都抗议无效。于是，他们只能一边闻糯米团的香味，一边跟着父母祭拜先祖。祭拜时，他们是诚心诚意的，但是偷瞄糯米团也是发自真心。

夕阳西下，糯米团被端了下来，虽然这些糯米团子早就变凉了，但是孩子并不在意，他们的小手马上就伸了过去。他们狼吞虎咽的模样，好像一天都没有吃饭呢。

融会了各种滋味的杂拌什锦菜

从某些方面来说，印度尼西亚的杂拌什锦菜更像零食。虽然仔细看，还是能发现被淋上花生酱汁的高丽菜、小黄瓜——这让它有点像水果沙拉，但是那些焦黄的虾皮却让人产生一种"这是零食"的错觉。

然而说它是零食也有点勉强，因为它的分量很足，这点连那些大包的零食也比不上，而且它还散发出一股清香味。

虽然它长得不怎么样，但是当你细细品尝时，便能发现它被称为"印度尼西亚特色菜"的原因。

虾皮虽然香脆，但是有些油腻，幸好新鲜的高丽菜用清脆的口感将你从油腻的"地狱"中解救了出来。而当你嫌青菜太过寡淡时，花生酱的醇香便适时地散发了出来，让你口齿余香。

用最传统的方式吃饭
——手抓蕉叶饭

在雅加达，蕉叶饭十分常见。随便走进一家餐厅都能发现蕉叶饭。倒不是它长得有多么特别，而是它的食用方式很有趣——手抓。

在雅加达餐厅中常常能看到这样的情景：一张芭蕉叶被平铺开来，上面是散发着香味的美食：咖喱鸡、米饭、虾片、高丽菜……当地人用手抓饭，吃得津津有味。有时候，没有礼貌的游客会将镜头对准这些当地人，但是当地人似乎并不在意。在他们看来，自在地品尝美味更加重要。

你也可以尝试一下这种传统的吃法，不过吃之前最好向当地人取取经，因为用手抓饭并不容易。米粒总是从指缝中溜走，就算好不容易送到嘴边，它也可能"越狱"。

不过辛苦是值得的，当虾片、咖喱鸡、高丽菜的滋味在嘴中弥漫时，你便会忘记自己的餐具是筷子还是手了。

让人口齿留香的巴东牛肉

在印尼菜中，巴东牛肉一直是当之无愧的"明星"。那些奔着巴厘岛去的游客，在惊叹岛上的美景之余，也会稍作叹息："其实去巴东也不错，可以品尝一下正宗的巴东牛肉。"巴东牛肉竟已可以代替碧海蓝天，成为一座岛屿的"招牌"，可见其美味。

虽然巴厘岛的游客无法品尝到地道的巴东牛肉，但是身处雅加达的游客却无须担心这个问题，因为雅加达中有很多正宗的巴东餐厅。

走进巴东餐厅，就能感受巴东人的热情。刚刚坐下，服务员马上来到身边。其速度之快，让人以为她只是脱下了隐身衣。

当点了一杯饮料，并准备用饮料打发时间时，服务员就端着盘子向你走来。只过了五分钟，就可以上菜了吗？人们也许会感到疑惑。其实不用担心，这是巴东餐厅的特点之一——像快餐店。

虽然上菜的速度可以与快餐店媲美，但是食物却值得细细品尝。即使还没有品尝到巴东牛肉的味道，只要一闻到它的香味——那混杂了香叶、咖喱、洋葱、香茅的气味，就能感受到它的异域风情。

香料的气味虽然浓郁，却不会喧宾夺主。当将巴东牛肉放进嘴中，香料的气味便会慢慢散去，只留下牛肉的甜香。巴东牛肉非常嫩，在品尝的时候，食客不由得降低了咀嚼的力度，生怕一不小心就把它"吓跑"了。

等将牛肉咽下去，香料的气味才会重新跑出来。它们在人们的口齿中徘徊，似是要留下自己的印迹。

一碗白米饭远远不够
——雅加达烤鸡

来到雅加达，你会发现当地人似乎痴迷于将各种食材放在火上烤，如烤鸡、烤鱼、烤牛排骨……而这其中，最受当地人欢迎的应该是烤鸡。

烤鸡是雅加达最常见的菜肴之一，虽说不同的餐馆的烤鸡滋味不一样，但是几乎每一种滋味都能让食客回味无穷。

雅加达烤鸡的第一个法宝是香料。东南亚的菜肴离不开香料，但是此地的香料似乎更有个性。它不仅仅气味浓郁，还别有一股辣味，而等辣味散去后，又能品尝到一丝甜味，怎么不会让人印象深刻？

烤鸡的第二个法宝就是其鲜嫩的口感。为什么烤制过的鸡肉不会变老？因为厨师在将鸡肉放上炭火架子前，先将鸡肉放入满是香料的汤中煮烂。这样一来，鸡肉不仅变得软烂，还散发着迷人香气。再加上一勺辣椒酱，配上一碗白米饭，便是无上的享受。

颇具异域风情的家常菜
——香味鸡汤

作为受欢迎的家常菜，香味鸡汤几乎成了印度尼西亚人童年的代名词。在生日或是重大庆典时，这道香气浓郁的开胃菜常常被第一个端上餐桌。甚至有人说，一闻到香味鸡汤的气味，便知道家中一定发生了喜事。

实际上，这道美食来源于中国。在几百年前，中国人乘船渡海来到这片陌生的土地，他们怀念家乡的滋味，于是将从中国带来的粉丝和当地的土鸡放在一起煮，从而成就了这道美味。三宝垄华人村的香味鸡汤最正宗，这也是印度尼西亚人公认的事实。

然而在印度尼西亚人看来，经过几百年的发展，香味鸡汤早已成了印度尼西亚本土菜肴。比如，有时候人们会在鸡汤中加入椰浆。当然，香茅、丁香这些香料也是少不了的。

或许印度尼西亚人并不在意这道菜肴从何而来，他们只想一边喝浓香四溢的香味鸡汤，一边吃炸豆饼罢了。

浓郁香甜的印度尼西亚土菜

——Soto Betawi

从 外形上来看，它应该算是一道"硬菜"，因为它有牛肉、西红柿，且汤汁浓郁，是那种适合端上宴席的菜。但是你若知道它是如何制作的，便会发现它和"可乐鸡翅"一样简单。

Soto Betawi，这道印度尼西亚土菜，制作起来实在不需要花费太多心血。只需将食材准备好，翻炒过后，倒入可可牛奶，等汤汁收得差不多，再倒出来就可以了。

它虽然制作起来很简单，但是味道却并不普通。牛奶的甜香和西红柿酸甜的滋味融会在一起，再加上牛肉本身的滋味，Soto Betawi 的汤汁浓郁，甜香可口，让人难以忘怀。更别说那炖得软烂的牛肉，酥软嫩滑，轻轻一咬，浓郁的汤汁便占领了口腔的各个角落。

印度尼西亚人的一天从椰浆饭开始

椰浆饭是印度尼西亚最常见的早餐。

清晨，当第一抹阳光洒下来时，雅加达的大街小巷便悄悄弥漫起椰浆饭的香味。游客无须费心寻找这种美味，因为只要走上街头，便能看到贩卖椰浆饭的小推车。

这种菜肴看上去很小巧，但是小而精致。它的馅料很丰富，若将香蕉叶展开，便能看到裹着辣椒酱的炸凤尾鱼、黄瓜、半个熟鸡蛋以及用椰奶烹制过的米饭。

围着小推车的顾客大多是熟客，小贩很清楚他们的口味，不需要他们开口，小贩就麻利地将符合他们口味的椰浆饭递了过去。接过了冒着热气的椰浆饭，人们继续赶路。在椰浆饭的香气中，印度尼西亚人的一天开始了。

印度尼西亚人的下午茶
——煎香蕉

在 印度尼西亚街头，经常能看见煎香蕉这种小吃。

临街的小铺子，陈设简陋，那几张塑料凳和木桌看上去"年龄"不小。油锅和砧板就摆放在店门口，摩托车来来往往，扬起的灰尘常常飞到砧板上。

油锅旁围着一大群孩子，他们的眼睛亮晶晶的，丝毫没有注意到灰尘，只顾着催促小贩赶紧制作煎香蕉。

小贩很年轻，却是"煎香蕉界"的大师。他出生于"煎香蕉世家"，从小就看父亲制作这种美食，熟知每一个操作工序。

小贩先将香蕉去皮，裹上一层面糊。这一步很考验功夫，若面糊裹得厚了，会影响香蕉的口感；若是面糊裹得不均匀，会影响成品的美观度。但是这可难不倒经验丰富的小贩，他的手腕一转，香蕉便换上了华丽的外衣，让旁边的孩子惊叹不已。

随后，小贩将香蕉放进油锅，香蕉便在油锅中跳起舞来，油锅中嗞嗞作响的声音让孩子们忍不住傻笑起来。要炸多久？这个问题不需要小贩来回答，旁边的孩子就能告诉你。因为他们几乎每天都来这，煎香蕉已经成了他们的下午茶。

他们欣赏着香蕉的"舞姿"，也能读懂香蕉的"语言"：面糊开始冒泡，这是香蕉要"跳舞"的信号；面糊开始变硬，表示香蕉的"舞曲"已经放了一半；面糊变得焦黄，香蕉准备"谢幕"了。

小贩的动作很快，他总能在香蕉准备离开"舞台"时将它们捞出油锅。"重生"的香蕉散发着诱人的气味，孩子们也不由得咽口水。虽然孩子们都变成了"小馋猫"，但是他们还是很守规矩，排好队，等着小贩将这种无上美味递给自己。

夜市中当之无愧的"国王"——沙爹

沙爹源自印尼语中的"Sate"，其意为"烤肉串"。在印度尼西亚的夜市中，沙爹是绝对的"霸主"。

华灯初上，当你刚刚走进夜市中，便能发现沙爹在夜市中的地位——整个夜市都弥漫着沙爹味。不仅如此，当你漫步于夜市中时也会发现，无论人们坐在什么样的小食摊中，他们手中都会拿着一两串沙爹。

吃一口鱼肉丸，咬一口沙爹；将沙爹放在印尼炒饭中；吃完一串沙爹后，喝一口咖啡……对沙爹来说，没有什么是不可能的，它擅长交际，和任何食物都能成为搭档。

不过你若是第一次来到印度尼西亚夜市，还是找一个专卖沙爹的小食摊，细细品味这种美食比较好。被炭火烤过的沙爹本就有些暴躁，若此时与辛辣鲜香的沙爹酱相遇，大概会在你的口腔中引发一场革命。

不过你也别急着做"和平使者"，不如闭上眼睛，好好享受这种动荡的美味。

品味沙拉中的辣味
——Asianan

这 大概是吃过的最辣的沙拉了。虽说来到雅加达的这些天，已经习惯了这种滋味，毕竟这里几乎人人都爱吃辣，就算吃炸豆饼都要配上几根辣椒，但是在本应清淡的沙拉中品尝辣味？还是让人无法理解。

的确，这就犹如让长相清秀的人扮演妖女，让看上去机灵聪明的人去饰演一个傻瓜一样。就算这个演员的演技很好，却难免让人产生一种违和感。

不过，也别忙着否定这种菜肴。实际上，大多数印尼菜都不是"直性子"，它们有很多面，你看到的不过是它们最普通、寻常的一面罢了。

若细细品味这种叫"Asianan"的沙拉，便能发现其中的奥妙。一入口，辣味直冲鼻尖，定力不足的人或许会因此放弃。

这时候需要耐心一点，辣味过后，就能感受到丝丝甜味。虽然这甜味很淡，但足以抚慰你的胃。随后沙拉独有的清香在口腔中徘徊，而你刚刚流的汗也早已被风吹干了。